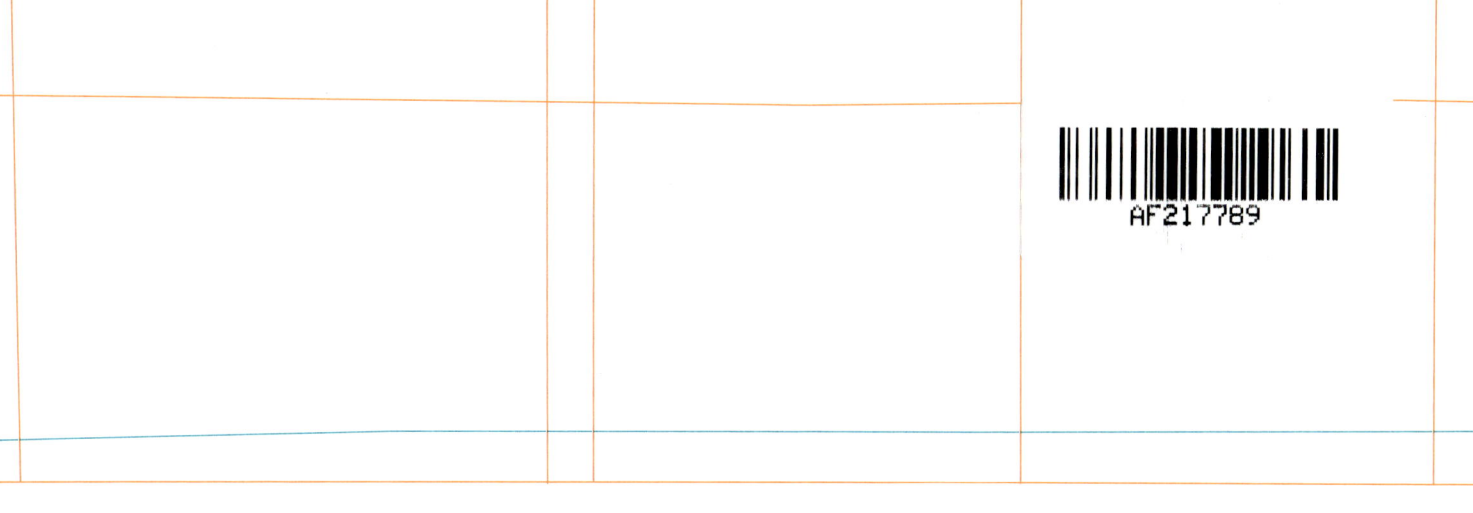

Deutsch kompetent

Arbeitsheft

8

Erarbeitet von:
Friederike Braun, München
Christiane Eibl, München
Kirsten Fendt, München
Thomas Gutwald, München
Andy Horschig, München/Dresden
Maximilian Nutz, München
Conrad Pietschmann, Blaustein
Jürgen Rotschedl, München
Carolin Sollfrank, München

Herausgegeben von:
Maximilian Nutz, München

Ernst Klett Verlag
Stuttgart · Leipzig · Dortmund

Überall, wo du die rote Weltkugel an einer Aufgabe findest, kannst du diese auch am Computer lösen. Die **Deutsch kompetent-Codes** führen dich zu interaktiven Trainingsaufgaben.
Gib den Code einfach in das Suchfeld auf schueler.klett.de ein.

⊕ **Training interaktiv**
6bd9f6

1. Auflage   1⁶ 5 4 3 2 | 28 27 26 25 24
Alle Drucke dieser Auflage sind unverändert und können im Unterricht nebeneinander verwendet werden.
Die letzte Zahl bezeichnet das Jahr des Druckes.

Herausgeber: Dr. Maximilian Nutz, München
Autorinnen und Autoren: Friederike Braun, München; Christiane Eibl, München; Kirsten Fendt, München; Dr. Thomas Gutwald, München; Andy Horschig, München/Dresden; Dr. Maximilian Nutz, München; Conrad Pietschmann, Blaustein; Jürgen Rotschedl, München; Carolin Sollfrank, München

Mit Beiträgen von: Matthias Bode, Düren; Melanie Dutzi, Achern; Barbara Schugk, Rade; Dr. Anja Seiffert, Leipzig

Entstanden in Zusammenarbeit mit dem Projektteam des Verlags.

Redaktion: Wiebke Alf, Berlin
Umschlag und Layoutkonzeption: Petra Michel, Gestaltung & Typografie, Essen
Illustrationen: Axel Fahl, Reichelsheim; Pe Grigo, Bielefeld; Inge Voets, Berlin
Satz: PER MEDIEN + MARKETING GmbH, Braunschweig
Reproduktion: Meyle + Müller GmbH + Co. KG, Pforzheim
Druck: Himmer GmbH Druckerei, Augsburg

Printed in Germany
ISBN 978-3-12-316039-4

Inhalt

Sich und andere informieren

Sachtexte und diskontinuierliche Texte verstehen und auswerten

 Wenn du dich und andere über ein Thema informieren willst, kannst du so vorgehen:
- Kläre zunächst **Zweck und Ziel** deiner Information (z. B. Textart, Adressatenbezug, …).
- Verschaffe dir einen **Überblick** über das Thema: Notiere, was du über das Thema weißt, schlage in Lexika nach, überfliege Informationen im Internet; halte die ersten Ergebnisse in Notizen fest (z. B. Mindmap).
- Formuliere **Fragen** zu verschiedenen Aspekten des Themas, zu denen du genauer **recherchieren** möchtest.
- **Werte das Informationsmaterial aus**, das für die Aspekte und Fragen ergiebig ist: Kläre Textsorte und Textfunktion, prüfe die Quelle, erschließe die Kernaussage, notiere in Stichpunkten, was für deine Aspekte und Fragen wichtig ist.
- **Ordne** das Informationsmaterial nach **Sachaspekten**.

○ **1.** Lies die Überschrift des folgenden Artikels und stelle Vermutungen über den Inhalt des Textes und seine Zielsetzung an.

_____

_____

_____

Hanna Klein: Schlimmer als Kreuzfahrten: Mode-Wahnsinn zerstört Umwelt – wie wir das ändern (2019, Focus online, Ausschnitt)

Über fünf Milliarden Kleidungsstücke hängen in Deutschlands Schränken. Pro Kopf macht das rund 95 Kleidungsstücke. Jedes fünfte davon tragen wir so gut wie nie. Kleidung ist heute Massenware.

Ständig neue Kollektionen von Modemarken wollen uns vermitteln, dass wir regelmäßig Neues
5 brauchen. Dabei tragen wir jedes fünfte Kleidungsstück so gut wie nie. Aber der Preis für Kleidung ist eben gering – zumindest im Laden. Der Preis, den die Umwelt und andere Menschen dafür zahlen, ist hingegen immens.

Zahlreiche Studien warnen vor den Folgen, sollte sich der Fast Fashion-Trend so fortsetzen. Einer Untersuchung der britischen Ellen-MacArthur-Stiftung nach könnte die gesamte Textilindustrie
10 bis 2050 für ein Viertel des klimaschädlichen CO_2-Ausstoßes verantwortlich sein.

Die Schattenseiten der Modeindustrie

Dabei sind die ausgestoßenen Emissionen bei der Produktion von Kleidung nur ein Teil der schädlichen Folgen. Ein Überblick:

CO_2-Ausstoß: Derzeit verursacht die Textilindustrie jährlich 1,2 Billionen Tonnen CO_2 – und
15 damit mehr als internationale Flüge und Kreuzfahrten zusammen. Die Modeindustrie als Teil der Textilbranche ist allein für fünf Prozent der globalen Emissionen zuständig. Sie entstehen bei der Gewinnung von Plastikfasern, der Weiterverarbeitung und langen Transportwegen.

Mikroplastik: Polyester ist mittlerweile das am häufigsten verwendete Material in der Mode-industrie. Es gehört, wie Nylon und Acryl, zu den Plastikfasern. Beim Waschen von Kleidung
20 mit Plastikbestandteilen gelangen kleinste Partikel davon ins Wasser – und später ins Meer. Über Nahrungsmittel gelangt Mikroplastik langfristig auch in unseren Körper.

Wasserverbrauch: Einer der beliebtesten Rohstoffe für Kleidung ist weiterhin Baumwolle. Die verbraucht schon bei ihrem Anbau riesige Mengen Wasser. Die genauen Angaben hierzu schwan-ken zwischen 3,6 und 26,9 Kubikmetern Wasser pro Kilogramm Baumwolle. Schon der niedrige
25 Wert entspricht rund 25 Badewannen voll Wasser. In Zentralasien führte unter anderem dieser hohe Wasserverbrauch der ansässigen Textilindustrie zum Austrocknen des Aralsees.

Giftige Chemikalien: Beim Anbau von Baumwolle werden häufig Pestizide eingesetzt. Rund 25 Prozent des Marktes entfallen auf Anbau der Naturfaser. Und auch bei der Verarbeitung der Rohstoffe werden Chemikalien eingesetzt, die dann im Abwasser und manchmal auch direkt im
30 Meer oder Fluss landen – darunter perfluorierte Kohlenwasserstoffe und Phthalate. Diese Stoffe vergiften Böden, führen zu Insektensterben und können die Gesundheit von Menschen in der Region schädigen.

Ausbeutung der Arbeiter: Menschen, die in Anbau- und Verarbeitungsländern der Textil-branche leben, leiden nicht nur unter der Zerstörung ihrer direkten Umwelt. Zwar schaffen Mode-
35 zulieferer dort zahlreiche Arbeitsplätze. Doch oft arbeiten die Menschen dort unter gefährlichen Bedingungen für einen minimalen Lohn. Zwar hat sich seit dem Unglück in der Textilfabrik Rana Plaza in Bangladesch 2013 mit über 1 000 Todesopfern viel getan. Doch bis heute werden immer wieder Fälle von Kinderarbeit und sklavenähnlichen Verhältnissen in der Branche bekannt.
Der Blick auf diese Statistiken und Fakten ist erschreckend. Auch wenn es bereits zahlreiche Initia-
40 tiven zur Behebung einzelner Probleme gibt, ist klar: Noch vieles muss sich ändern.

Emission: das Ausströmen von schädlichen Stoffen und Energien in die Umwelt
Pestizide: Pflanzenschutzmittel
perfluorierte Kohlenwasserstoffe: Kohlenwasserstoffe, die durch einen chemischen Prozess keine Wasserstoff-Atome mehr enthalten
Phthalat: eine als Kunststoff-Weichmacher verbreitete Chemikalie

2. Überfliege den Text und notiere die wesentlichen Informationen. Prüfe, ob diese deinen Vermutungen aus Aufgabe 1 entsprechen.

_____

_____

_____

3. Kreuze an, welche Grundfunktionen in diesem Text überwiegen, und begründe deine Antwort (Mehrfachnennungen möglich).

Überwiegende Funktion	Begründung:
☐ Informieren ☐ Argumentieren ☐ Appellieren	

4. Lies den Text noch einmal gründlich. Kläre unbekannte Begriffe aus dem Kontext. Veranschauliche die wesentlichen Informationen in einem Schaubild (Mindmap, Cluster, …). Arbeite im Heft.

5. Formuliere die Kernaussage des Textes in eigenen Worten. Arbeite im Heft.

6. Entwickle eigene Ideen, was man als Verbraucher tun kann, um den übermäßigen Konsum von Kleidung einzudämmen. Arbeite im Heft.

Greenpeace: Modekonsum unter Jugendlichen (2015)

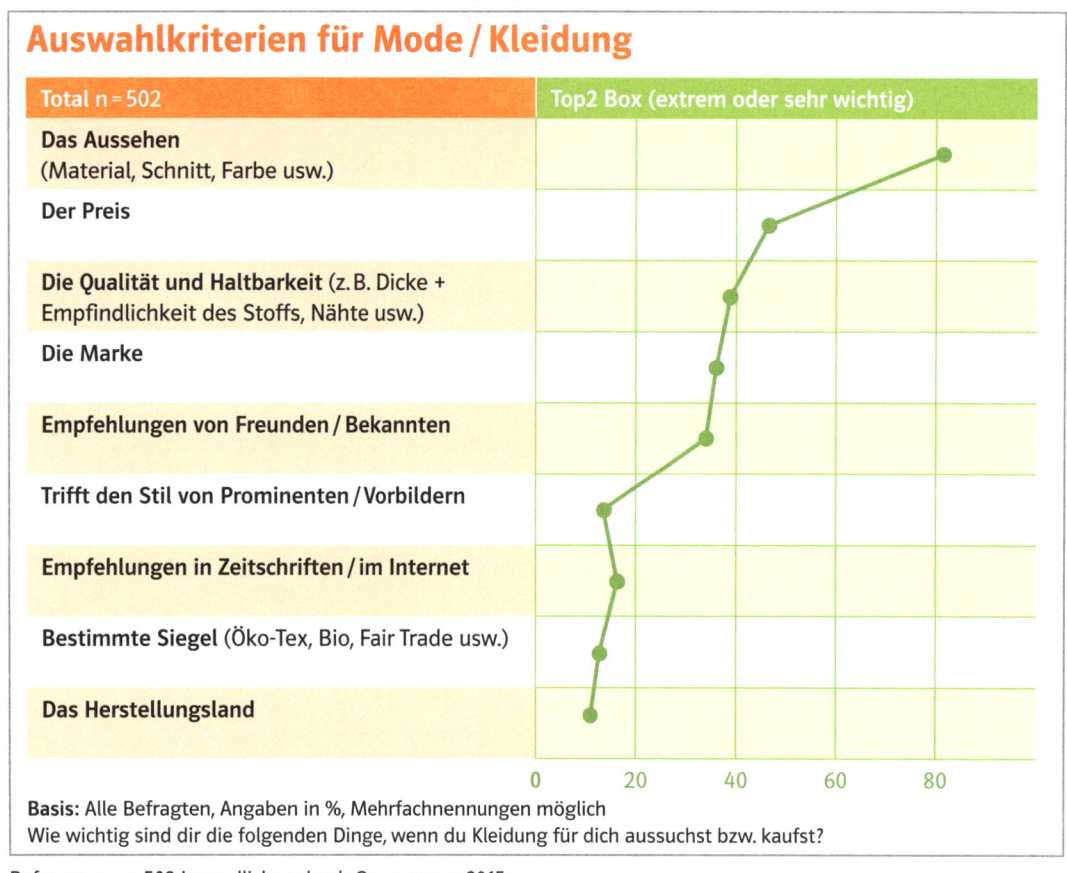

Befragung von 502 Jugendlichen durch Greenpeace, 2015

7. Kreuze an, welche der folgenden Aussagen auf das Diagramm zutreffen.

☐ Die Ergebnisse der Studie ließen sich auch in einem Tortendiagramm darstellen.

☐ Viele Jugendliche kaufen nicht bewusst nachhaltige Kleidung.

☐ Die Möglichkeit, sich für nachhaltige Kleidung zu entscheiden, ist den meisten nicht bekannt.

☐ Das wichtigste Kriterium für den Kauf ist das Design.

☐ Die Herstellungsländer sind für Jugendliche beim Kauf von Kleidung wenig entscheidend.

☐ Für mehr als die Hälfte der befragten Jugendlichen ist die Marke sehr wichtig.

☐ Die Ergebnisse der Umfrage können nicht unhinterfragt übernommen werden, da die Studie nicht aktuell ist.

8. Fasse die Ergebnisse der Umfrage in eigenen Worten zusammen. Arbeite im Heft.

Materialgestützt ein Referat vorbereiten und halten

 Wenn du in einem Referat über ein Thema informieren möchtest, kannst du in folgenden Schritten vorgehen:
- **Erschließe das Thema:** Kläre Schlüsselbegriffe, notiere Fragen und halte wichtige Aspekte fest.
- Überlege dir, was deine **Zuhörer** (Adressaten) über das Thema wissen und was sie interessieren könnte.
- Mache dich durch Recherche und Auswertung von Materialien selbst **sachkundig**.
- **Ordne** deine Ergebnisse nach Fragen und Aspekten und entwirf eine **Gliederung**.
- Notiere wichtige Informationen zu den einzelnen Gliederungspunkten auf **Stichwortzetteln** oder Karteikarten.
- Überlege dir Möglichkeiten, wie du Informationen durch **Medieneinsatz veranschaulichen** kannst.
- Erstelle ein **Handout** und mache dir Notizen zum zeitlichen Ablauf.
- **Übe** deinen Vortrag ein: Sprich frei, wecke das Interesse der Zuschauer und binde diese ein, indem du auf Fragen eingehst.

Hanna Klein: Schlimmer als Kreuzfahrten: Mode-Wahnsinn zerstört Umwelt – wie wir das ändern (2019, Focus online, Ausschnitt)

Neuer Ansatz: Kreislauf- statt Linearwirtschaft

Bei der Suche nach einem Ansatz, um den Fast-Fashion-Kreislauf zu durchbrechen, fällt oft der Begriff der Kreislaufwirtschaft. Sie soll Umweltbelastung minimieren, Rohstoffe schonen und auch die Innovations- und Wettbewerbsfähigkeit verbessern.

5 *Exkurs: Was ist eine Kreislaufwirtschaft?*
Ein Großteil der Textilbranche heute funktioniert als Linearwirtschaft: Es werden Kleider aus nicht-erneuerbaren Ressourcen hergestellt, diese werden oft nur wenig getragen und enden dann als Müll oder minderwertigeres Folgeprodukt. Die Kreislaufwirtschaft hingegen erhält die hohe Qualität der Fasern und Stoffe, sodass sie nach Gebrauch wieder gleichwertig in den Kreislauf
10 einfließen können.
Die Studie der Ellen-MacArthur-Stiftung nennt für die Kreislaufwirtschaft vier wichtige Phasen:
1. Das Ursprungsmaterial muss von guter Qualität sein. Bedeutet: lange Haltbarkeit und Verringerung der oben genannten Umweltbelastungen.
2. Die Art, wie Kleidung entworfen und verwendet wird, muss so verändert werden, dass sie
15 nicht ganz so schnell auf dem Müll landet.
3. Das Recycling muss von Anfang an mitgedacht werden. Recyclingtechnologien müssen verbessert werden.
4. Der Einsatz von Rohstoffen muss reduziert werden. Wenn Rohstoffe verwendet werden, sollten sie erneuerbar sein.
20 Zahlreiche bekannte Modemarken haben sich bereits für einen solchen Ansatz ausgesprochen. Doch Umweltschützer kritisieren die bisher existierenden Initiativen: So konzentrierten sich laut Greenpeace zahlreiche Modemarken allein auf das Recycling ihrer Produkte. Das eigentliche Problem, der übermäßige Konsum von Kleidung, bliebe aber unangetastet. Sie fordern ganzheitliche Ansätze, die den kompletten Lebenszyklus von Textilien betrachten. […]

1. Lies den Text und kläre dir unbekannte Wörter.

_____

_____

2. Erläutere den „Ansatz: Kreislauf- statt Linearwirtschaft" und notiere in Stichpunkten, wie dieser funktioniert.

_____

_____

_____

3. Du bereitest ein Referat zum Thema „Umweltschutz durch nachhaltige Kleidung" vor.
  – Erstelle eine Mindmap, indem du die Informationen aus den Materialien (S. 4–6) und
    aus dem Folgetext (S. 7) nutzt. Ergänze auch eigene Ideen. Arbeite im Heft.
  – Recherchiere im Internet weitere Informationen (z. B. Tipps für Verbraucher/Konsumenten) und
    ergänze sie in deiner Mindmap.

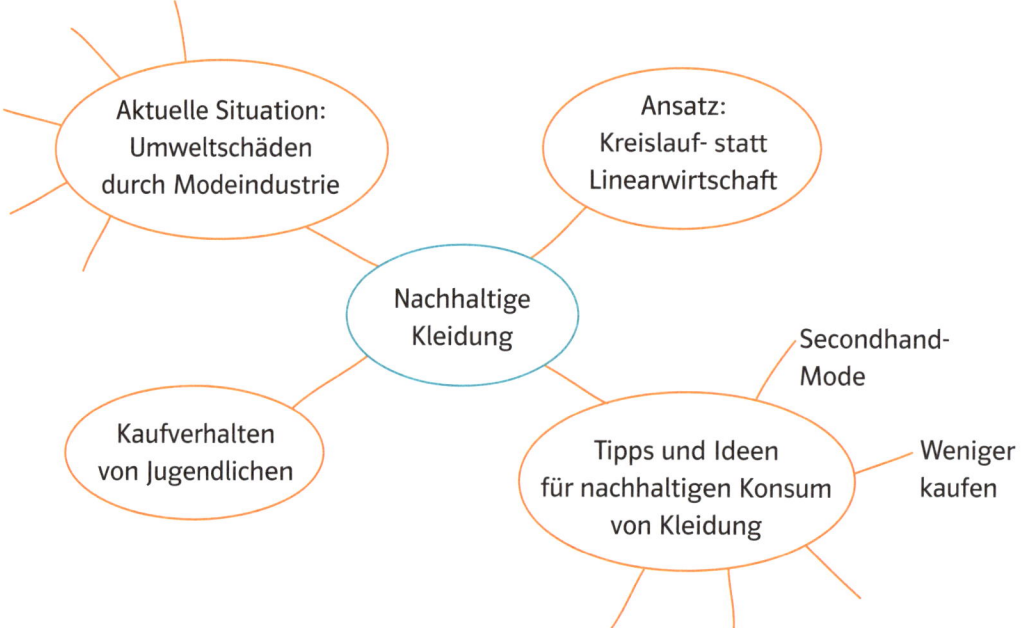

4. Erstelle eine Gliederung für dein Referat (mit Einleitung – Hauptteil – Schluss) und bringe dafür auch die Informationen aus Aufgabe 3 in eine sinnvolle Reihenfolge. Arbeite im Heft.

5. Lies die folgenden Einleitungen für das Referat. Begründe, warum du sie für geeignet bzw. nicht/weniger geeignet hältst.

1 _Ich halte heute ein Referat zum Thema „nachhaltige Kleidung"._

2 _Wo kauft ihr hauptsächlich eure Kleidung?_

3 _Seht euch dieses T-Shirt an. Könnt ihr euch vorstellen, wie viel Wasser für dessen Produktion benötigt wird?_

1 _____

_____

2 _____

_____

3 _____

_____

6. Stichwortzettel dienen als Gedächtnisstütze beim Halten eines Referates. Lies die folgende Kartei-karte und entwirf einen Verbesserungsvorschlag. Arbeite im Heft.

> **Weiter:** *Die Schattenseiten der Modeindustrie*
>
> *ÜBERLEITUNG nicht vergessen!!!*
>
> – *Punkt drei von fünf: beliebtester Rohstoff für Kleidung: Baumwolle*
> – *verbraucht schon bei ihrem Anbau riesige Mengen Wasser*
> – *Angaben: zwischen 3,6 und 26,9 Kubikmeter Wasser pro Kilogramm Baumwolle*
> – *Schon der niedrige Wert entspricht rund fündundzwanzig Badewannen voll Wasser.*
> – *Beispiel bringen: Austrocknung Aralsee*

7. Als Zuhörer oder Zuhörerin sollst du nicht nur passiv rezipieren, sondern auch konzentriert zuhören und dem Referenten oder der Referentin ein produktives Feedback geben. Verfasse wertschätzende und positiv formulierte Rückmeldungen zu den unten stehenden Aspekten. Du kannst dafür auch die Sprach-tipps im SB auf S. 21 nutzen.

Das will ich sagen:	Passende Formulierung:
Einstieg – top!!	
Kreislaufwirtschaft heißt, dass nichts weg-geschmissen wird?	
Mikroplastik? Hää???	
Viel zu viele Detailinfos einfach vorgelesen!! Laaaangweilig.	

⊕ **Erklärfilm**
6bd9f6

Mitschriften zu Referaten und audiovisuellen Materialien anfertigen

 Um das Wesentliche eines Referates, eines Erklärvideos oder anderer audiovisueller Medien im Gedächtnis behalten zu können, ist es sinnvoll, Mitschriften anzufertigen.
– Verwende dafür z. B. **DIN-A4-Blätter** mit zwei Spalten – eine für deine Notizen und eine für eigene Anmerkungen.
– Zur besseren Übersicht kannst du **Symbole** wie Pfeile oder Ausrufezeichen verwenden oder zentrale Inhalte unterstreichen.
– Schreibe nur die **wesentlichen Informationen** mit, aber notiere die **Kernaussagen** möglichst genau.

○ **1.** Du siehst im Folgenden Screenshots aus einem Erklärfilm des Umweltbundesamtes aus dem Jahr 2015 mit dem Titel „Der Preis der Schönheit – Mode und die Folgen für Mensch und Umwelt" sowie den gesprochenen Text dazu. Kreuze in der Tabelle S. 11 an, welche Aussagen über den Zusammenhang zwischen dem Inhalt der Abbildungen und ihren Erklärtexten zutreffen und welche nicht.

Ausschnitt	Gesprochener Text
	„In der Textilproduktion sind die Arbeitsbedingungen oft katastrophal. Auf den Baumwollfeldern und in den Nähereien der Billiglohnländer herrschen teils menschenunwürdige Arbeits- und Sicherheitsbedingungen – und auch die Umweltschäden sind enorm."
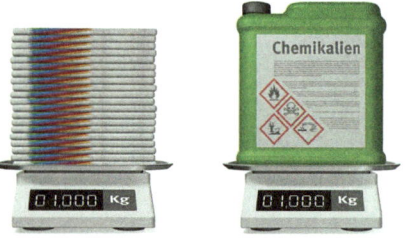	„Bei der Herstellung unserer Kleidung wird für jedes Kilogramm Textil bis zu ein Kilogramm Chemikalien eingesetzt, z. B. um es mit bestimmten Eigenschaften zu versehen oder zu färben. Bei unzureichender Abwasserbehandlung werden Flüsse, Seen und das Grundwasser durch die Chemikalien belastet und dabei Lebewesen und das Trinkwasser vergiftet."
	„Viele dieser Chemikalien sind äußerst langlebig und verbreiten sich über den ganzen Globus. Bekanntes Beispiel: PFC. Um Textilien wasserdicht und schmutzabweisend zu machen, werden per- und polyfluorierte Chemikalien eingesetzt. Sie gefährden die menschliche Gesundheit und reichern sich in Tieren und Pflanzen an. Beim Waschen können die Chemikalien über Kläranlagen in die Umwelt gelangen, wo sie für eine sehr lange Zeit bleiben."

Die Abbildungen	richtig	falsch
– dienen der visuellen Auflockerung, haben aber keinen inhaltlichen Bezug.		
– visualisieren eine wichtige Aussage des Erklärtextes.		
– sind teilweise auch ohne den Erklärtext verständlich.		
– sind eine unnötige grafische Spielerei.		

2. Fasse die jeweilige Kernaussage der Erklärtexte in Stichpunkten zusammen.

1 _____

2 _____

3 _____

3. Stelle die Informationen der Ausschnitte in einer Mitschrift zusammen.
Übertrage die folgende Tabelle in dein Heft und ergänze sie.

Notizen	Anmerkungen
Titel: Der Preis der Schönheit – Mode und die Folgen für Mensch und Umwelt *Quelle:* *Medium/Textsorte:*	*2015*
Abbildung 1: *zwei T-Shirts mit Aufdrucken: „inhumane Arbeit – schlechte Sicherheit"* *Erklärtext 1:* *– „menschenunwürdige Arbeits- und Sicherheitsbedingungen"* *in der Textilproduktion* *– große Schäden für die Umwelt* *Abbildung 2: ...*	*Screenshots beziehen sich nur auf Arbeitsbedingungen*

4. Schreibe eine Textzusammenfassung zu den Ausschnitten aus den Bild- und Textinformationen des Erklärfilms. Arbeite in deinem Heft. Du kannst so beginnen:

*Die Ausschnitte aus einem Erklärfilm „Der Preis der Schönheit –
Mode und die Folgen für Mensch und Umwelt" des Umweltbundesamtes
informieren über die menschenunwürdigen Arbeitsbedingungen und
Umweltschäden in der Textilherstellung.
Zwei abgebildete T-Shirts illustrieren ...*

Schriftlich argumentieren

Eine schriftliche Argumentation planen

Mit einer schriftlichen Argumentation möchtest du jemandem von deinem **Standpunkt** überzeugen. Versetze dich also in dein **Gegenüber** und plane deinen Text gründlich (**Material** recherchieren und auswerten, **Schreibplan** erstellen, ggf. an Formalia denken, z.B. beim Brief). So kannst du deinen Text **gliedern**:
- **Einleitung**: führt zum Thema hin bzw. formuliert die Problemstellung; Leserinteresse wecken z.B. durch erzählerischen Einstieg
- **Hauptteil**: führt vom schwächsten zum stärksten Argument; Argumente werden entfaltet und gestützt
- **Schluss**: rundet den Text ab, z.B. durch Rückbezug zur Einleitung, Ausblick, Forderung, Kompromissvorschlag

Du schreibst im **Präsens** und **verknüpfst** deine Argumente sinnvoll miteinander. Je nach Adressatenkreis musst du sehr sachlich formulieren (z.B. Brief an die Schulleitung) oder darfst auch etwas Witz oder Schilderungen einbauen (z.B. Artikel für die Schülerzeitung).
Überarbeite deine Argumentation. Dafür ist es hilfreich, von Beginn an am **PC** zu arbeiten.

1. Schildere möglichst genau, was das Foto bei dir auslöst. Gehe dabei darauf ein, was du bei der Betrachtung des Fotos siehst, denkst und fühlst.

_____

_____

_____

_____

_____

2. Stelle Vermutungen darüber an, weshalb sich manche Kinder und Jugendliche Tattoos oder Piercings wünschen. Halte diese stichpunkartig fest.

_____

_____

_____

3. Versetze dich in einen Erwachsenen, der entscheiden soll, ob er seinem Kind erlaubt, sich ein Tattoo oder ein Piercing stechen zu lassen und halte stichpunktartig fest, weshalb er dies ablehnen könnte.

_____

_____

_____

○ **4.** 🗐 Entwirf gemeinsam mit einem Partner oder einer Partnerin einen kurzen Dialog zwischen einem Jugendlichen in eurem Alter und einem Elternteil, in dem es darum geht, dass der Jugendliche ein Tattoo oder ein Piercing möchte. Arbeite im Heft.

○ **5.** 🗐 Spielt euch eure Dialoge in der Lerngruppe gegenseitig vor. Macht euch dabei Notizen, welche Behauptungen (Thesen) genannt werden und wie diese durch Argumente begründet werden. Arbeite im Heft.

◑ **6.** Übertragt zwei unterschiedliche im Rollenspiel genannte Standpunkte in die Übersicht unten. Formuliert stichpunkartig Behauptungen und Begründungen und gebt an, wie ihr das Argument jeweils stützen könntet.

These/Behauptung 1	These/Behauptung 2
↓	↓
Begründung/Argument	Begründung/Argument
↓	↓
Stützung des Arguments (z. B. durch Beispiele, Belege, Erklärungen)	Stützung des Arguments (z. B. durch Beispiele, Belege, Erklärungen)

◑ **7.** Formuliere, was du von einem Text erwartest, dessen Überschrift lautet: „Grenzen der Selbstbestimmung 🌐 von Kindern und Jugendlichen bei Körperschmuck und Kosmetik".

_____

_____

_____

◑ **8.** Überfliege den Text von Bettina Eickhoff und Dr. Markus Reipen und halte fest, ob deine Vermutungen 🌐 über den Inhalt und die Aussage des Textes zutreffend waren oder nicht.

_____

_____

_____

9. Lies den folgenden Text nun genau (bei Bedarf mehrmals) und markiere unbekannte Wörter und unklare Textstellen. Kläre diese alleine oder im Team, z. B. mithilfe eines Wörterbuchs.

Bettina Eickhoff, Dr. Markus Reipen: Grenzen der Selbstbestimmung von Kindern und Jugendlichen bei Körperschmuck (2013, Bayerisches Landesjugendamt, Website)

[…] An die Jugendämter und das BLJA werden von besorgten Eltern – aber auch von Gewerbetreibenden – immer wieder Fragen herangetragen, ob es nach dem Jugendschutzgesetz Verbote oder zumindest altersbedingte Einschränkungen für Piercing, Tätowierung und kosmetische Behandlungen gibt. […]

5 Der Gesetzgeber hat die Problematik von Körperschmuck im Jugendschutzgesetz bislang nicht aufgegriffen. Einschlägig ist allerdings das Strafrecht. Beim Herstellen eines Piercings und eines Tattoos handelt es sich tatbestandsmäßig um gefährliche Körperverletzungen (§ 224 StGB), da hier gefährliche Werkzeuge zum Einsatz kommen. Das Gesetz sieht daher eine Freiheitsstrafe von sechs Monaten bis zu zehn Jahren, in minder schweren Fällen von drei Monaten bis zu fünf Jahren vor.

10 Eine wirksame Einwilligung rechtfertigt einen Eingriff in die körperliche Unversehrtheit. Die Einwilligung kann jedoch unwirksam sein, wenn sie aufgrund von Willensmängeln erteilt worden ist (Täuschung, Drohung, Zwang) oder sittenwidrig ist (§ 228 StGB).

Auch eine unzureichende Aufklärung (Verletzung der Aufklärungspflicht) über die mit dem Eingriff verbundenen Risiken führt zur Unwirksamkeit der Einwilligung.

15 […] Wie bereits eingangs ausgeführt, kommt es bei Minderjährigen auf die hinreichende Einsichtsfähigkeit in die Folgen des Eingriffs an. Maßgeblich sind also vor allem das Alter und die Reife der Jugendlichen. Dabei ist auch zu fragen, ob der oder die Minderjährige sich nicht in erster Linie durch Gruppendruck oder medial vermittelte Schönheitsideale zu dem Eingriff genötigt sieht. Dabei ist die Schwere des Eingriffs zu berücksichtigen.

20 Angesichts dieser weitgehenden Anforderungen ist zu bezweifeln, dass Minderjährige in der Lage sind, die mit dem Eingriff verbundenen schwerwiegenden Gesundheitsgefahren vollumfänglich zu erkennen. Gerade bei Piercings können sich sowohl aus dem Eingriff selbst als auch aus mangelnder Wundversorgung und Hygiene nach dem Eingriff schwerwiegende gesundheitliche Komplikationen ergeben. Es werden insbesondere lebensgefährliche Infektionen, Thrombosen, Embolie, Nar-
25 benbildung und neurologische Ausfallerscheinungen genannt. Auch kommt es in Einzelfällen zu allergischen Reaktionen.

Der Minderjährige muss zudem in der Lage sein, mögliche berufliche Nachteile einordnen zu können. Bei Tattoos ist zu berücksichtigen, dass das Schönheitsideal eines Jugendlichen und der damit verbundene Wunsch nach einem Tattoo starken Schwankungen unterworfen ist. Ein Tattoo
30 bleibt jedoch das ganze Leben lang sichtbar und kann, falls es sich nicht dort befindet, wo es

üblicherweise von Kleidung verdeckt wird, das berufliche Fortkommen in vielen Branchen erheblich erschweren. Dasselbe gilt für die jüngst in Mode gekommenen auffällig geweiteten Ohrlöcher. Ferner sollte der Minderjährige auch in der Lage sein, die über das bloße Entgelt hinausgehenden finanziellen Auswirkungen des Eingriffs zu erkennen. Für die hohen Kosten der Entfernung eines
35 Tattoos mit einem Laser, die nicht immer gelingt, muss der Betroffene später selbst aufkommen.
[...]
Strafgerichte haben sich bislang wenig mit der Wirksamkeit der Einwilligungen von Minderjährigen befasst. Veröffentlicht wurde ein erstinstanzliches zivilrechtliches Verfahren, das eine Klage auf Ersatz der Kosten für die Entfernung des Tattoos und Schmerzensgeld zum Gegenstand hatte. Das
40 AG München (Urteil 17.03.2011, NJW 2012, 2452) wies die Klage jedoch ab, weil eine 17-Jährige über die hinreichende Einsichtsfähigkeit verfüge, in ein Tattoo in Form eines koptischen Kreuzes auf der Innenseite des Handgelenks einzuwilligen.
In der Literatur ist diese Entscheidung auf Ablehnung gestoßen. So argumentiert Hauck (NJW 2012, 2398), dass bei medizinisch nicht indizierten Schönheitsoperationen stets die Einwilligung
45 der gesetzlichen Vertreter erforderlich sei. Dies müsse erst recht für Tattoos und Piercings gelten, die ebenfalls medizinisch überflüssig seien. [...] Aufgrund der erheblichen Gesundheitsgefahren und der Irreversibilität (insbesondere von Tattoos) ist bei Minderjährigen die Einsichtsfähigkeit bezüglich Tattoos, Piercings und anderem Körperschmuck in aller Regel nicht gegeben. Es müssen grundsätzlich beide Eltern ihre Einwilligung erklären, da sie das Kind gemeinsam vertreten
50 (§ 1629 BGB). [...]

indiziert: angezeigt, ratsam

10. Markiere die im Text genannten gesundheitlichen Gefahren, die von Tattoos und Piercings ausgehen können.

11. Recherchiere, was die gesundheitlichen Risiken, die genannt werden, bedeuten, und halte deine Ergebnisse fest. Arbeite im Heft.

Thrombose: Gefäßverschluss durch Blutgerinnsel; Blutgerinnsel kann sich lösen und in andere Organe wandern → kann lebensbedrohlich sein

Embolie: ...

12. Kreuze die zutreffenden Aussagen an. Lies bei Bedarf die passenden Textstellen des Textes auf S. 14/15 noch einmal genau durch.

☐ **1** *Im Jugendschutzgesetz steht gar nichts über Tattoos und Piercings. Also darf man sich in jedem Alter Tattoos und Piercings machen lassen.*

☐ **2** *Es ist egal, wie alt man ist, die Hauptsache ist, man gibt seine Einwilligung für ein Piercing. Dann darf jeder gepierct werden.*

☐ **3** *Piercings und Tattoos gelten nach dem Strafgesetzbuch als gefährliche Köperverletzungen.*

☐ **4** *er seine Einwilligung gibt, sich tätowieren oder piercen zu lassen, dem muss klar sein, wie weitreichend die Folgen dieser Eingriffe, auch für das spätere Leben, sein können.*

☐ **5** *Jemand, der ein Piercing oder Tattoo anbringt, muss die Kunden nicht über mögliche Gefahren aufklären. Die Kunden haben die Pflicht, sich selbstständig über diese zu informieren.*

☐ **6** *Gerichte und Rechtswissenschaftler sind sich nicht ganz einig darin, ob Jugendlichen zugetraut werden kann, dass sie die Folgen von Eingriffen durch Tattoos und Piercings abschätzen können.*

13. Markiere im Text alle Passagen, die dagegen sprechen, dass Eltern ihren minderjährigen Kindern erlauben sollten, sich ein Tattoo oder Piercing stechen zu lassen.

14. Markiere in einer anderen Farbe als bei Aufgabe 13 alle Passagen im Text, die ein Jugendlicher als Unterstützung seiner Argumentation seinen Eltern gegenüber anbringen könnte, wenn diese skeptisch sind, ob sie ihre Einwilligung in ein Tattoo oder ein Piercing geben sollen.

15. Erstelle einen Schreibplan für einen Artikel in der Schülerzeitung mit dem Titel: „Piercing oder Tattoo – so überzeugst du deine Eltern!" oder „Tattoos und Piercings – wartet lieber noch ein paar Jahre!" Fülle dazu die folgende Übersicht stichpunktartig aus.

Einleitung: Hinführung (z. B. kurze Schilderung) und These/ Behauptung		
Hauptteil: Argumentation (mehrere möglichst starke Begründungen bzw. Argumente, steigernde Anordnung, passend gestützt durch Beispiele, Belege, Erklärungen)	Argument/Begründung 1	Stützung von Argument 1 (z. B. durch Beispiele, Belege, Erklärungen)
	Argument/Begründung 2	Stützung von Argument 2 (z. B. durch Beispiele, Belege, Erklärungen)
	Argument/Begründung 3	Stützung von Argument 3 (z. B. durch Beispiele, Belege, Erklärungen)
Schluss (z. B. Rückbezug zur Einleitung, Vorschlag, Wunsch für die Zukunft)		

16. Verfasse deinen Beitrag für die Schülerzeitung auf Grundlage deines Schreibplans.

Eine schriftliche Argumentation verfassen

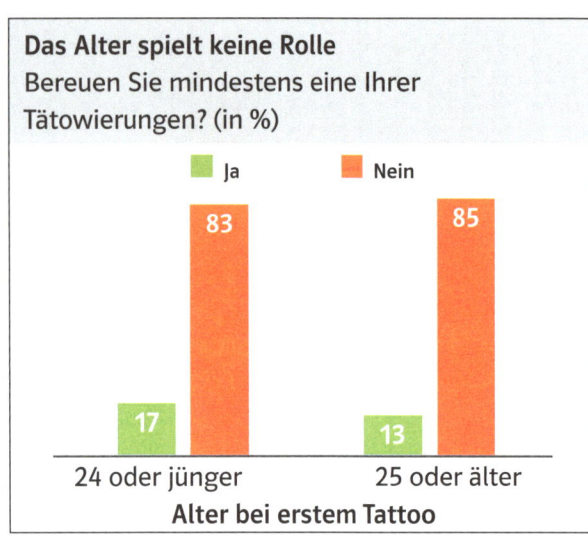

Das Alter spielt keine Rolle
Bereuen Sie mindestens eine Ihrer Tätowierungen? (in %)

Quelle: YouGov, Website

Quelle: Bildergeschichten.eu, Website

1. Halte Ideen fest, wie du die Statistik und den Cartoon in einer Argumentation zum Thema „Sollten Tattoos und Piercings für Minderjährige generell verboten werden?" verwenden könntest.

A Manuels Einstieg

Woran denkt ihr, wenn ihr „Piercing" hört? An modische, jungen Menschen, die lässig mit ihrem Zungenpiercing spielen? Oder an unfreiwillig komische Zwischenfälle, z. B. dann, wenn zwei Menschen mit Zungenpiercing sich küssen und sich dabei so ineinander verhaken, dass aus dem Kuss ein viel zu langer Kuss wird, der nur mit ärztlicher Hilfe beendet werden kann? So eine Situation mag eine Steilvorlage für einen Cartoonisten sein, aber mal ehrlich: Wünschenswert erscheint sie euch doch sicher nicht. Auch wenn euch das Beispiel übertrieben vorkommt, mag es zum Nachdenken darüber anregen, mit welchen Gefahren und Risiken das Stechen eines Piercings eigentlich einhergeht. [...]

B Faidas Einstieg

Die Zahlen sprechen eigentlich für sich: Viel weniger Menschen bereuen ihre Tätowierungen, als oft behauptet wird. Dabei spielt auch kaum eine Rolle, in welchem Alter sich jemand ein Tattoo hat stechen lassen. Eine Statistik besagt, dass nur 17% der Menschen, die sich ein Tattoo vor ihrem 24. Geburtstag haben stechen lassen, dieses später bereuen. Dieser Wert sinkt nur leicht, nämlich auf 13% bei denjenigen Befragten, die sich mit über 24 Jahren für eine Tätowierung entschieden haben. Von „Jungendsünden" kann man bei Tattoos also kaum sprechen. Aber ist das wirklich ein Grund, Tätowierungen von Minderjährigen grundsätzlich für gut zu befinden? [...]

2. Kreuze an, welche Möglichkeiten, einen Einstieg in eine Argumentation zu gestalten, in den beiden Beispielen verwirklicht wurden.

- [ ] Bezugnahme auf ein aktuelles Ereignis
- [ ] Auswertung einer Statistik
- [ ] Schilderung einer Situation
- [ ] Zitat einer prominenten Person aus Wissenschaft oder Kunst
- [ ] Erzählung eines Vorfalls
- [ ] Hinweis auf ein aktuelles Problem
- [ ] Ansprache der Leserinnen und Leser

3. Entscheide, für welche Schreibanlässe du die Einstiege jeweils für passend hältst. Ordne die zugehörigen Ziffern in die Tabelle ein.

1 Artikel für die Schülerzeitung zum Thema „Warum Jugendliche über Gefahren von Tattoos und Piercings aufgeklärt werden müssen"

2 Leserbrief zu einem Zeitungsartikel, der die Zunahme von Tattoos bei Jugendlichen thematisiert

3 Artikel für den Jahresbericht der Schule, in dem über den Gesundheitstag für die 8. Jahrgangsstufe berichtet wird und dessen Beibehaltung gefordert wird

4 Brief an den Förderverein der Schule mit Bitte um finanzielle Unterstützung für einen Projekttag zum Thema „Tattoos und Piercings"

5 Ein Kommentar in der Schülerzeitung mit dem Titel „Tattoos und Piercings von Jugendlichen – keine Panik, bitte"

Einstieg A (Manuel)	Einstieg B (Faida)

4. Tausche dich mit deiner Banknachbarin oder deinem Banknachbarn über eure Lösungen zu Aufgabe 3 aus. Begründe dabei deine Zuordnungen.

5. Erstelle zu einem der Schreibanlässe oben eine passende Einleitung. Arbeite im Heft.

6. Tauscht eure Ergebnisse aus Aufgabe 4 und gebt euch in einer Schreibkonferenz Rückmeldungen zu euren Einstiegen.

7. Überarbeite deine Einleitung aufgrund der Verbesserungsvorschläge. Arbeite im Heft.

Eine schriftliche Argumentation überarbeiten

„Schon bei Naturvölkern hatten Tätowierungen immer auch einen religiösen Anklang. Wer sich heute ein Tattoo stechen lässt, steht immer noch in dieser Tradition."

„Früher waren Tattoos in vielen Berufen tabu. Heute gilt dies nur noch für wenige Berufsgruppen. Selbst Polizisten dürfen sich mit Einschränkungen heute tätowieren lassen."

„In einer Welt, in der sich immer mehr immer schneller verändert, möchten sich manche Menschen etwas schaffen, das unveränderlich ist. Das erklärt die Faszination, die Tattoos heute ausüben: Eine Tätowierung bleibt für immer und steht so für Verbindlichkeit in einer Zeit, in der das Unverbindliche Mode ist."

1. Verbessere die indirekte Rede, die ein Schüler aus diesen Aussagen der Dermatologin Dr. Rotenberg (Bericht bei Radio Blau, Bürgerradio, 2020) formuliert hat, um seine Argumentation zu stützen.

1 Wer Tattoos nur für eine oberflächliche Modeerscheinung ohne tiefere Bedeutung hält, der irrt. Wie Dr. Rotenberg darstellt, haben schon bei Naturvölkern Tätowierungen einen religiösen Anklang. Daraus schließt die Expertin, wer sich heute ein Tattoo stechen ließe, der stünde immer noch in dieser Tradition.

_____

_____

_____

2 Ein Grund für die Faszination, die Tattoos auf den heutigen Menschen ausüben, könnte nach Meinung von Dr. Rotenberg sein, dass Tätowierungen für immer bleiben würden und so für die Sehnsucht des Menschen nach Verbindlichkeit in einer Zeit voller Unverbindlichkeit stehen würden.

_____

_____

_____

3 Oft warnen Eltern ihre Kinder vor Tattoos mit dem Hinweis darauf, dass diese später im Berufsleben eine Hürde darstellen könnten. Aber Dr. Rotenberg meint, das gilt nur noch für wenige Berufsgruppen. Selbst Polizisten dürfen sich nach Aussage der Expertin heute tätowieren lassen.

_____

_____

_____

2. 📖 Verfasse einen Beitrag für die Schülerzeitung, in dem du deinen Standpunkt zu der Frage: „Sollte das Jugendschutzgesetz ein generelles Verbot von Tätowierungen für Kinder und Jugendliche unter 18 Jahren festsetzen?" unter Hinzuziehung des Textes auf Seite 14 f. darlegst. Arbeite im Heft.

3. 📖 Kontrolliere und überarbeite deinen Beitrag mithilfe der Checkliste. Mache dir Notizen und arbeite dann im Heft.

Checkliste

Eine Argumentation überarbeiten	überprüft und verbessert, falls nötig
✔ Die Einleitung führt passend zum Thema hin.	☐
✔ Die Einleitung regt zum Weiterlesen an.	☐
✔ Die Einleitung nennt die Problemfrage bzw. formuliert den eigenen Standpunkt klar.	☐
✔ Im Hauptteil sind die Argumente angeordnet (vom schwächsten zum stärksten).	☐
✔ Die Argumente werden nachvollziehbar formuliert und ausführlich entfaltet und gestützt (z.B. mit passenden Belegen, Beispielen, Erklärungen).	☐
✔ Der Schluss rundet die Argumentation sinnvoll ab.	☐
✔ Der Schluss beinhaltet eine abschließende Stellungnahme, der Standpunkt wird verdeutlicht/wiederholt.	☐
✔ Der Schluss beinhaltet einen. Bezug zur Einleitung, einen Ausblick auf Künftiges, einen personllchen Wunsch, eine Forderung oder einen Kompromissvorschlag.	☐
✔ Die Argumente werden sinnvoll miteinander verknüpft.	☐
✔ Die Argumente sind passend zum Schreibanlass formuliert (sehr sachlich z.B. förmlichen Brief oder auch mit schildernden, erzählenden Passagen z.B. Beitrag für die Schülerzeitung).	☐
✔ Formalia werden eingehalten (z.B. bei sachlichem Brief, E-Mail).	☐
✔ Sprachrichtigkeit ist gegeben (Grammatik, Rechtschreibung, Zeichensetzung).	☐

Notizen:

_____

_____

_____

_____

_____

_____

_____

_____

Die eigene Meinung in Leserbriefen darstellen

In Leserbriefen nimmst du zu einem Zeitungsartikel Stellung. Du solltest dabei deine eigene Position zum Thema oder zur Ansicht des Autors klar zum Ausdruck bringen und sie nachvollziehbar begründen. In der **Einleitung** solltest du Bezug auf den Artikel nehmen, zu dem du den Brief schreibst. Am **Schluss** kannst du deine Gedanken zusammenfassen oder auch eine Forderung oder einen Appell formulieren. Vergiss nicht die **Bezugnahme zum Zeitungsartikel (Titel, Verfasser/in, Datum, Ausgabe)**. Halte dich an die Regeln, die auch für das Verfassen eines sachlichen Briefes gelten.

APA: Mailand verbietet Tattoos und Piercings (11.10.2010, Die Presse, Website)

Eine Stadt spielt Papa. Bis zu 500 Euro werden Tattoo-Studios ab sofort in der italienischen Modemetropole Mailand verrechnet, wenn sie Minderjährige stechen. Ohrläppchen gehen in Ordnung.

5 Die Modehauptstadt Mailand startet einen Feldzug gegen Tattoos und Piercings. 500 Euro Strafe müssen Tattoo-Studios künftig zahlen, wenn sie die Haut von Minderjährigen dekorieren, beschloss der Mailänder Stadtrat.
10 Die Gemeinde überlegt, die Strafe auch jene Jugendlichen zahlen zu lassen, die sich trotz des Verbots tätowieren und piercen lassen. Nur die Ohrläppchen dürfen weiterhin durchstochen werden, hieß es.

Mangelnde Hygiene sei bei Piercings und Tätowierungen die Hauptursache für gefährliche Infektionen wie Hepatitis und HIV. „Familien und Jugendliche müssen über die Gefahren informiert
15 sein, die mit Tätowierungen und Piercing verbunden sind", sagte das Mailänder Stadtratmitglied Giovanni Terzi nach Medienangaben vom Samstag. Piercing müsse als „chirurgischer Eingriff" bewertet werden.

Beim Piercing wird die Haut mit einer Hohlnadel oder einem Bolzenschussgerät durchstochen, so dass Schmuck in den Stichkanal eingesetzt werden kann. Medizinern zufolge reichen die mögli-
20 chen Komplikationen von Narben bis zu Nervenschäden und Infektionen mit Funktionsstörungen. Auch schwere allergische Reaktionen auf das verwendete Material seien möglich.
(APA)

Die Presse: Österreichische Tageszeitung

APA: Austria Presse Agentur (österreichische Presseagentur)

○ **1.** Lies den Zeitungsartikel „Mailand verbietet Tattoos und Piercings".

○ **2.** Halte das Vorgehen der Stadt Mailand stichwortartig fest.

_____

_____

_____

_____

_____

3. Formuliere deinen eigenen Standpunkt zu den Regelungen der Stadt Mailand in Bezug auf Tätowierungen und Piercings bei Jugendlichen unter 18 Jahren.

_____

_____

_____

_____

_____

4. Erstelle eine Übersicht zu Aspekten aus dem Artikel „Mailand verbietet Tattoos und Piercings", auf die du in deinem Leserbrief eingehen willst. Stelle ihnen deine eigenen Ansichten mit Begründungen und Belegen entgegen. Lege dazu eine Tabelle an. Arbeite im Heft.

Aspekte aus dem Artikel	Meine Meinung mit Begründungen und Belegen
500 Euro Strafe für ein Tattoo oder ein Piercing (vom Studio oder vom Jugendlichen selbst zu entrichten)	...
...	...

5. Erstelle einen Schreibplan für einen Leserbrief zum Artikel „Mailand verbietet Tattoos und Piercings". Arbeite im Heft.

6. Verfasse deinen Leserbrief auf Grundlage deiner Vorarbeiten. Arbeite im Heft.

7. Überarbeite deinen Leserbrief mit der Methode „Textlupe" im Bereich der sprachlichen Gestaltung. Nutze dazu die folgende Checkliste. Arbeite im Heft.

Checkliste

Leserbriefe sprachlich gelungen gestalten

	Ja	Nein
✔ Das Thema wird knapp, ohne Abschweifungen und Wiederholungen, vorgebracht.	☐	☐
✔ Der Stil des Briefes ist sachlich, außer in Passagen, die bewusst schildernd gestaltet sind.	☐	☐
✔ Durch Stilmittel (z.B. rhetorische Fragen, Wiederholungsfiguren, Bilder) wird das Anliegen unterstützt.	☐	☐
✔ Die Sätze sind sinnvoll und variabel miteinander verknüpft.	☐	☐
✔ Pro-Formen, Konjunktionen und Adverbien sorgen für bessere Verständlichkeit.	☐	☐
✔ Gezielte Wortwiederholungen verdeutlichen den Textzusammenhang.	☐	☐

8. Stelle deinen Leserbrief im Plenum vor und gehe dabei auch darauf ein, welche Veränderungen du in deiner Überarbeitung vorgenommen hast.

Training interaktiv
c4as7h
SCHÜLERBUCH:
Einen materialgestützten
informierenden Text verfassen
S. 66–85

Einen materialgestützten informierenden Text verfassen

Einen materialgestützten informierenden Text vorbereiten und planen

Ein materialgestützter informierender Text hat in der Regel einen konkreten Schreibanlass. Damit du entscheiden kannst, wie du deinen Text gestalten willst, musst du klären,
- welche **Aufgabe und Funktion** er hat (z. B. Sachverhalte klären, Meinungen beeinflussen),
- welche **Textsorte** verlangt ist (z. B. Vortrag, Flyer, Poster),
- an welchen **Adressatenkreis** er sich richtet,
- an welchem **Ort** er erscheinen soll (z. B. Schülerzeitung, Tageszeitung, Jahresbericht),
- welche Vorgaben zur **inhaltlichen Ausgestaltung** du beachten musst (z. B. vorgegebene inhaltliche Schwerpunkte).

○ **1.** Lies dir die folgende Aufgabenstellung durch. Notiere stichwortartig, welches Vorwissen du zu Lernspielen (Serious Games) hast.

An eurer Schule soll ein Informationsnachmittag zum Thema digitale Medien veranstaltet werden, weil viele Eltern sich Gedanken machen um die Mediennutzung ihrer Kinder und vor allem Vorbehalte gegenüber Computerspielen haben. Die Eltern sollen vorher durch eine Broschüre darüber informiert werden, was unter dem Begriff Computerspiel alles verstanden wird.
Deine Gruppe hat den Auftrag, den speziellen Bereich der Serious Games (dt. „ernsthafte Spiele") vorzustellen. Nutze dazu die folgenden Materialien sowie eigenes Wissen. Diese inhaltlichen Schwerpunkte sollen in deinem Text thematisiert werden:
- Erklärung, was unter Serious Games verstanden wird
- Einsatzmöglichkeiten und Nutzung von Serious Games
- Vorteile dieser Art des Lernens

_____

_____

_____

_____

_____

_____

○ **2.** Untersuche die Aufgabenstellung und ergänze folgende Informationen.

Thema: _____

Ziel des Textes: _____

Textsorte und Ort der Veröffentlichung: _____

Adressat/Adressatin: _____

Vorgaben: _____

3. Formuliere mindestens drei Leitfragen, die dein informierender Text beantworten soll. Gehe dabei von deinem eigenen Vorwissen und Interesse sowie von den Meinungen und Einstellungen der Adressaten aus.

_____

_____

_____

4. Tauscht euch im Team über eure Leitfragen aus und erklärt euch gegenseitig, weshalb ihr sie ausgewählt habt.

5. Erstellt ein vorläufiges Leitfragenschema/eine Leitfragen-Mindmap nach folgendem Muster und ergänzt mögliche weiterführende Fragen. Arbeitet im Heft.

Welche Einsatzmöglichkeiten gibt es?

Was sind Serious Games?/
Wie funktionieren Serious Games?

Serious Games

Welche Vorteile gibt es, durch diese Art zu lernen?

_____

6. Überfliegt die folgenden Materialien 1–5 (S. 26–29) und notiert euch zu jedem Material stichpunktartig, welche der übergeordneten Leitfragen damit beantwortet werden können.

M1: _____

_____

_____

M2: _____

_____

_____

M3: _____

_____

M4: _____

_____

M5: _____

_____

_____

Material 1 **Interview: Serious Games. Die Motoren der Spieleindustrie von morgen (2017, Deutscher Kulturrat, Website)**

Theresa Brüheim: Frau Tillmanns, was sind Serious Games?

Katharina Tillmanns: Unter Serious Games kann man alle Spiele verstehen, also digitale, aber auch analoge Spiele, die sich nicht nur mit dem reinen Unterhaltungsfaktor beschäftigen, sondern die einen Realweltbezug haben. Das können zum einen Spiele sein, die ganz konkret Fähigkeiten
5 trainieren – wie z. B. ein Planspiel, das Strategien übt. Das können aber auch Spiele sein, die Informationen vermitteln. […]

Ich habe gelesen, dass die Intention von Serious Games ist, die Lücke zwischen Bildung und Anwendung von Wissen zu schließen. Stimmen Sie damit überein?
Da muss ich kurz ausholen: Die Qualität von Spielen, auch von digitalen Spielen, liegt darin, dass
10 sie Systeme und Systematiken abbilden können. Das kann so kein anderes Medium. Im Grunde können andere Medien das Ganze nur bebildern oder beschreiben. Spiele können aber Systematiken zugänglich und Kausalitäten erlebbar machen. Darin liegt die große Kraft, um dann letztendlich neue Lern- und Wissenstransfermethodiken zu generieren und zu etablieren. […]

Spannend. Man sieht, schulische Bildung ist ein Anwendungsbereich von Serious
15 **Games. Die kommen aber in den unterschiedlichsten Branchen vor, z. B. im Bereich Gesundheit, Erwachsenenbildung, Politik und Kultur. Was macht Serious Games für alle diese Branchen beliebt, die doch sehr unterschiedlich sind?**
Das ist die Art und Weise, wie Spiele mit den Spielern kommunizieren. Die Kommunikation des Systems und die Auseinandersetzung der Spieler mit einem Thema, aber auch das Einsteigen,
20 das Ausprobieren, das unterschiedliche Wege-Gehen, das Entscheidungen-Treffen innerhalb eines Spielgefüges sind Formen des Empowerments der Spieler. Das ruft bei dem Publikum etwas hervor, dass Serious Games für viele Branchen, nicht nur für die politische Richtung, attraktiv macht. Spiele sind eben anders als lineare Medien, die eher eine Zurücklehn-Haltung befördern – wie ein Film. Bei Spielen ist die Aktivität mitgegeben, Lösungswege im Spielprozess aufzuzeigen. […]

25 **Sie sprechen von der Zukunft. Wo gehen die Trends im Bereich Serious Games hin?**
Im Augenblick muss man natürlich ganz klar sagen, dass Augmented und Virtual Reality zwei sehr heiße Themen sind. Das ist auch nicht grundlos so. Es gibt zwar gerade einen starken Hype, aber vor allem im Bereich der Serious Games werden diese beiden Technologien sich langfristig etablieren. Denn Augmented Reality kann schon rein ästhetisch die Brücke zwischen Realität
30 und Virtualität schlagen. Das heißt, wir haben Elemente aus der realen und aus der digitalen Welt, die sich überlagern. […]

Abschließend noch eine Frage: Wie beurteilen Sie die Bedeutung von Serious Games?
Serious Games sind die Motoren für die Zukunft des Mediums Virtual Reality im Besonderen, aber auch ein wichtiger Faktor, um zukunftsgewandt Spiele zu entwickeln. Man kann sich einiges
35 bei den Spielen abgucken. Der Bereich hat auch großes Potenzial, gerade auch unser Lernen langfristig positiv zu beeinflussen.

Katharina Tillmanns: arbeitet und forscht an der Technischen Hochschule Köln zum Thema Interaktive Medien.

Material 2 Elke Witmer-Goßner: Serious Games: Die Kunst der spielebasierten Wissensvermittlung. Gamification – Aus Spiel wird Ernst (2019, CloudComputing-Insider, Website)

[…] Gaming bedeutet nicht mehr nur das klassische Spiel als Freizeitvergnügen und zur reinen Unterhaltung. Inzwischen werden die gleichen Mechanismen und Komponenten, die Computerspiele so unterhaltsam und spannend machen, sodass Milliarden Menschen weltweit nicht mehr darauf verzichten wollen, auch in anderer Hinsicht angewendet. Das Stichwort heißt „Gami-
5 fication". Wikipedia definiert „Gamification" oder auch „Gamifikation" bzw. „Spielifikation" als Anwendung spieltypischer Elemente in einem spielfremden Kontext. Beispielsweise sind spielerische Komponenten heute bereits Standard in Werbung und Marketing, um Kunden zu binden oder zu informieren. Laut Marketingexperten erwarten Verbraucher heute, dass große Marken sie spielerisch begleiten.

10 **Den natürlichen Spieltrieb nutzen**

Eine nicht minder wichtige Funktion erfüllt die Gamification aber inzwischen im Unterricht und vor allem der beruflichen Weiterbildung in Unternehmen. Hier spricht man gemeinhin von „Serious Games". Im Bereich des Lernens sowie der Aus- und Weiterbildung gewinnt das Thema zunehmend an Relevanz. Zum einen, weil Bildung in der heutigen Wissensgesellschaft zu einer
15 permanenten Aufgabe wird, zum anderen, weil auch die digitale Kompetenz durch den Umgang mit Serious Games zusätzlich gestärkt wird, wie Steffen Ganders, Director Corporate Affairs der Samsung Electronics GmbH, erklärt: „Spielen ist die natürlichste Form des Lernens überhaupt. Das menschliche Gehirn läuft zur Hochform auf, sobald wir es spielerisch nutzen. Spielerisches Lernen fördert, fordert und belohnt unseren Entdeckerdrang, unsere Kreativität und unsere Moti-
20 vation. In spielerischen Situationen wird das eigenmotivierte Lernen unterstützt und mit positiven Erfolgserlebnissen aufgeladen."
Deshalb sollten Schulen, Universitäten, Weiterbildungseinrichtungen und Unternehmen auch stärker auf dieses Werkzeug setzen. Dass die Lernmotivation steigt, zeigt sich in allen Altersklassen und in jeder Stufe des Lernens bzw. der Aneignung von neuem Wissen. Lernsoftware und Lern-
25 spiele für Kindergartenkinder, Schüler und Studierende setzen daher schon sehr lange auf spielerische Elemente zur Wissensvermittlung und Festigung des Lernstoffs. „Der gezielte Einsatz von pädagogisch wertvollen Computerspielen holt die Schüler in ihrer eigenen Lebenswirklichkeit ab. Aber auch als Teil der beruflichen Weiterbildung gewinnen Serious Games zunehmend an Interesse", so Ganders. […] Die Anwendungsbereiche reichen dabei von der Vermittlung von Fach-
30 wissen oder dem Erlernen neuer Sprachen über die Verbesserung kognitiver Fähigkeiten wie der Merkfähigkeit bis hin zu Softskills, […].

Material 3 Statistik Verband der deutschen Games Branche (2018)

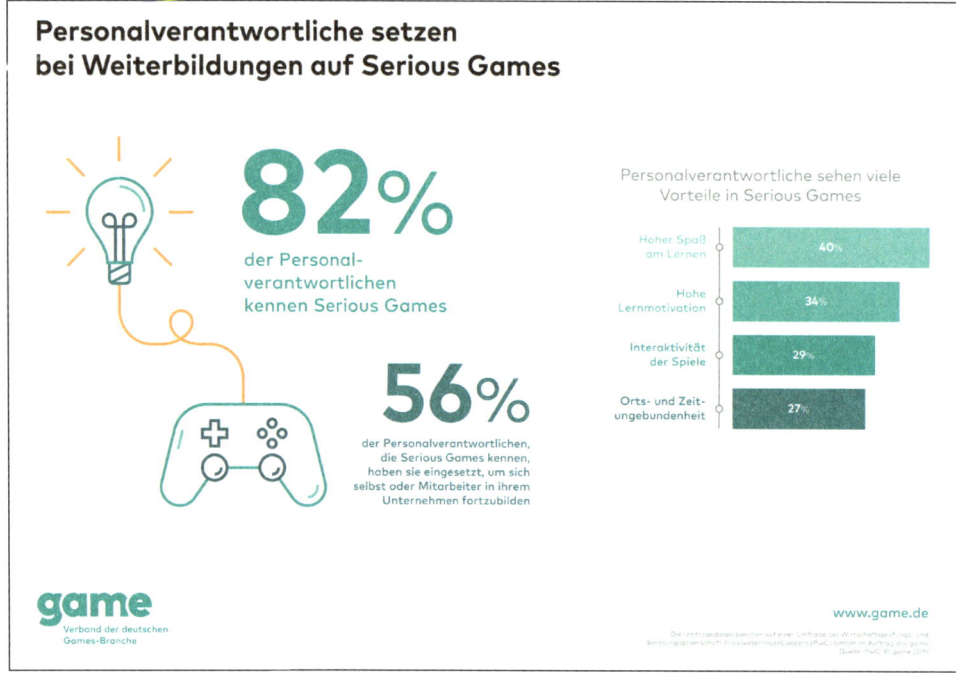

Material 4 Matthias Gottschalk: Health Games: Spielen für die Gesundheit (2018)

Nicht nur unterwegs, auch daheim oder in Gemeinschaft sind Computerspiele ein geeignetes Mittel, um Wissen über eine Krankheit zu vermitteln und bei der Bewältigung zu helfen. Speziell für Kinder mit einer Asthmaerkrankung ist das Spiel „Luftikids" entwickelt worden. Diese lernen spielerisch den richtigen Umgang mit ihrer Erkrankung und auch, wie sie korrekt
5 ihre Peak-Flow-Werte messen. Zusätzlich werden auch Vorsorgemöglichkeiten, asthmaauslösende Faktoren und Therapiemöglichkeiten vermittelt, sodass die Kinder und Jugendlichen leichter an der Verbesserung ihres Krankheitsbildes mitwirken können.

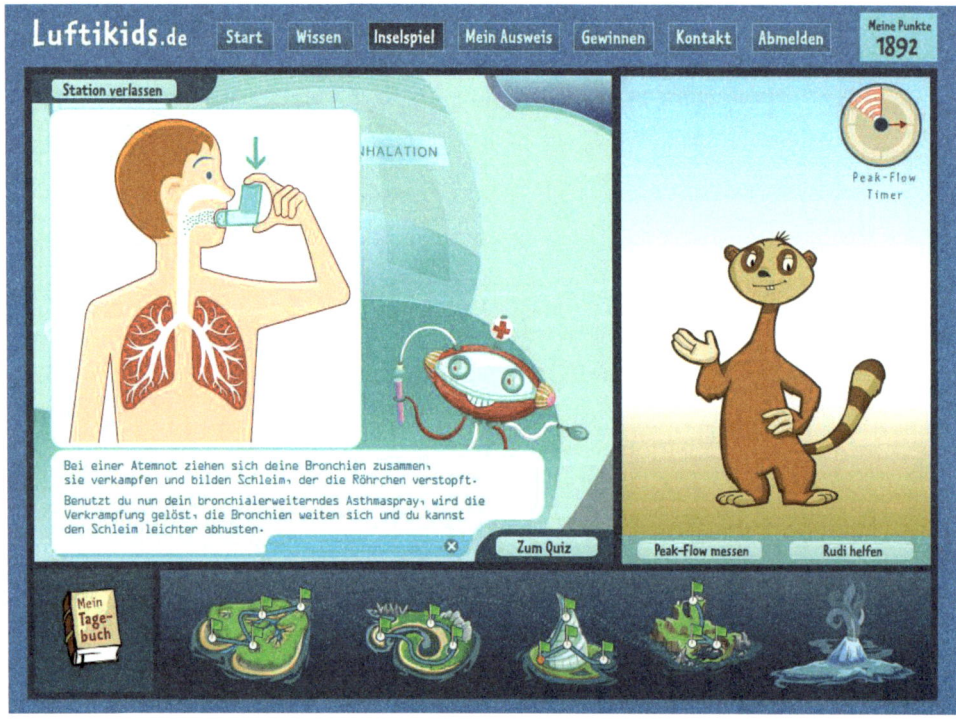

Luftikids wird von Ärzten verschrieben und zeigt Kindern, wie sie ihre Asthmaerkrankung bewältigen können. Quelle: AOK Plus, Presseblog

Material 5 **Gamelearn: Die fünf Bestandteile eines Serious Game (2020, gamelearn, Website)**

[…] Obwohl es zahlreiche Formate und Zielsetzungen gibt, umfassen die meisten Game-based-Learning-Systeme fünf Bestandteile:

1. Eine Geschichte: Auch wenn dies nicht unbedingt nötig ist, haben die meisten Videospiele eine Geschichte bzw. einen Erzählfaden. Das kann ein Prinz sein, der eine Prinzessin rettet, oder
5 ein mutiger Soldat, der versucht, seinen Feind zu besiegen. […] Je stärker das Argument und die Charaktere ausgearbeitet sind, desto stärker lassen die Anwender sich auf das Spiel ein und deren Motivation steigt.

[…]

2. Gamifikation: Der zweite grundlegende Baustein eines Serious Game sind die Spieldyna-
10 miken: Rankings, Bonusse, Badges und Punktesysteme. Diese Gamifikation bzw. Spielifikation spornt die Spieler an und motiviert sie, denn wir alle freuen uns, wenn wir mehr Münzen oder Leben gewinnen oder zur nächsten Spielrunde aufsteigen […]. Auch die Klassifizierungen bzw. das Ranking sind wichtige Bestandteile der Serious Games: Ein gesunder Wettbewerb mit unseren Mitschülern oder -arbeitern motiviert uns, uns anzustrengen und alles zu geben, um unsere Mit-
15 spieler zu übertrumpfen.

[…]

3. Sofortiges und individuell zugeschnittenes Feedback: Im Unterschied zu Präsenzschulungen, an denen normalerweise dutzende von Schülern und ein Lehrer teilnehmen, bieten Serious Games ein sofortiges, individualisiertes Feedback. Der Spieler interagiert direkt mit dem Spiel und
20 erhält umgehend positive Rückmeldung oder Verbesserungsvorschläge. Bei modernen Videospielen kann dieses Feedback detailliert sein und Begründungen enthalten. Die Spieler erfahren, warum sie einen Fehler begangen haben, und sie erhalten die Chance es ein weiteres Mal zu versuchen. Wenn dieses Feedback gut ausgearbeitet ist, ist es ein wirksames Lehrmittel.

[…]

25 **4. Simulation:** In den meisten Fällen ahmen die Serious Games Situationen aus dem echten Leben nach. Der Spieler, der in einer nachgestellten Umwelt mit fiktiven Charakteren interagiert, taucht in eine Welt ein, die der jenseits von Computern und Smartphones ähnelt. Dank dieser Art von Simulatoren interagieren die Anwender mit dieser neuen Realität und wenden die während des Spiels erworbenen Fertigkeiten und Konzepte an.

30 […]

5. Das Ziel: Lernen: […] Mit den Serious Games soll gelernt werden. Alle der oben aufgeführten Elemente sind Bestandteile zahlreicher kommerzieller Videospiele, aber das macht diese noch lange nicht zu Serious Games. Ernsthafte Spiele verwenden nicht nur diese Elemente, sie verfolgen darüber hinaus Ziele, die über das reine Spielen hinausgehen und der Bildung dienen.

Materialien auswerten und ordnen/einen Schreibplan anlegen

 Beim **Auswerten der Materialien** ist es hilfreich, wenn du von vornherein prüfst, für welchen **Aspekt deines Textes** (für welche **Leitfrage**) das Material Informationen liefert oder ob sich aus dem Material wichtige neue Teilfragen ergeben. Beim Auswerten solltest du diesen Bezug gleich notieren, damit du die Übersicht über die Informationen behältst.

1. Beschäftige dich mit den einzelnen Texten genauer. Schlage die Bedeutung von Wörtern und Begriffen in Wörterbüchern oder Lexika nach, die du nicht verstehst.

2. Werte die Materialien nun gezielt aus. Unterstreiche die Informationen, die du für deinen Text brauchst. Sammle diese stichpunktartig in der folgenden Tabelle. Notiere dir auch, welche Leitfrage damit beantwortet werden kann. Arbeite im Heft.

Art der Information	Notiz/Bezug zu Leitfrage
Sachinformationen – *Serious Games haben nicht nur Unterhaltungsfunktion. (M 1)*	– *Was sind Serious Games?*
Erklärungen	
Meinungen/Wertungen	
Fachbegriffe	

 Die Informationen, die du in deinem Text verwenden möchtest, können unterschiedlich geordnet werden. Du kannst beispielsweise eine Mindmap, eine Tabelle oder Karteikarten anlegen. Aus der Anordnung der Informationen ergibt sich der **Schreibplan** für den Aufbau deines Textes. Du musst dich entscheiden, in welcher **Reihenfolge** die Informationen verwendet und welche thematischen Aspekte **schwerpunktmäßig** ausgearbeitet werden sollen. Außerdem musst du überlegen, wie du in der **Einleitung** das Interesse der Leserin und des Lesers wecken und am **Schluss** das Thema abrunden kannst.

3. 📑 Ordne deine Leitfragen aus Aufgabe 2 (S. 30) in einer Mindmap an. Ergänze alle weiteren Fragen, die sich bei der Arbeit mit dem Material ergeben haben und zu deren Beantwortung du Informationen gefunden hast. Arbeite im Heft.

4. 📑 Ergänze die passenden Informationen aus Material 2 (S. 27) zu der vorgegebenen Leitfrage nach folgendem Beispiel. Arbeite im Heft.

Welche Vorteile hat diese Art zu lernen? (Leitfrage)
Motivationspotenzial des spielerischen Lernens (Oberpunkt)
– Spielen als natürliche Form des Lernens
– spielerisches Lernen fördert Entdeckerdrang, Kreativität,
* Motivation → Gehirn ist sehr leistungsfähig*
– ...
– ...

5. 📑 Ergänze zu der Leitfrage aus Material 2 (Welche Vorteile hat diese Art zu lernen?) auch die passenden Informationen aus den anderen Materialien. Formuliere gegebenenfalls zusätzliche Oberpunkte. Arbeite im Heft.

6. 📑 Formuliere auch für die anderen Materialien Leitfragen und ergänze die passenden Informationen. Arbeite im Heft.

7. Ein Schüler oder eine Schülerin hat folgenden Schreibplan erstellt. Überprüfe die Anordnung und die Schwerpunktsetzung. Überlege, was du gelungen findest und was du besser machen würdest.

– Einleitung: Anwendungsbereiche Serious Games
– Erklärung: Was sind Serious Games?
– Einsatzmöglichkeiten Serious Games
– Schwerpunkt: Umfang der Nutzung Serious Games
– Vorteile, mit Serious Games zu lernen
– Schluss: Betonung der Vorteile

8. Erstelle deinen eigenen Schreibplan. Begründe deine Schwerpunktsetzung.

Schreibplan	Begründung

Einen materialgestützten informierenden Text verfassen und überarbeiten

 Einen materialgestützten informierenden Text musst du inhaltlich und sprachlich so gestalten, dass die Leserin/der Leser gut über das Thema informiert wird. Dadurch entsteht ein **neuer Text**, der eine **gedanklich und sprachlich eigene Leistung** ist und nicht bloß Informationen der ausgewerteten Materialien zusammenfassend wiedergibt. Folgende **Tipps** helfen dir:
- Orientiere dich beim **Aufbau** und der Darlegung der einzelnen Aspekte des Themas an deinem **Schreibplan**.
- Behalte dein **Schreibziel** und die **Leserin** oder den **Leser** im Blick.
- Setze **Schwerpunkte** und mache sie genügend deutlich.
- Schreibe Informationen aus den Materialien nicht einfach ab, sondern formuliere sie in **eigenen Worten** oder zitiere wichtige Stellen.
- Verwende die notwendigen **Fachbegriffe** und erkläre sie.
- Verknüpfe die einzelnen Aussagen so miteinander, dass die **Zusammenhänge deutlich** werden.
- Erleichtere für die Leserin/den Leser das Verständnis der Zusammenhänge, indem du mit **sprachlichen Signalen** durch den Text führst (z. B. Aufbau verdeutlichen, überleiten, Wichtiges hervorheben, zusammenfassen, …).

1. Erkläre die folgenden Fachbegriffe. Verwende dazu gegebenenfalls ein deutsch-englisches Wörterbuch:

Badges – _____

_____

_____

Empowerment – _____

_____

_____

Augmented Reality – _____

_____

_____

2. Formuliere mögliche Gründe dafür, dass in den Texten zum Thema „Serious Games" viele Fremdwörter aus dem Englischen verwendet werden.

_____

_____

_____

_____

_____

_____

_____

3. Lies den folgenden Ausschnitt aus einem Schülertext über Serious Games. Unterstreiche alle Wörter und Passagen, die nicht sachlich und in eigenen Worten verfasst sind. Markiere weitere Fehler.

Inzwischen werden die gleichen Mechanismen und Komponenten, die Computerspiele so unterhaltsam und spannend machen, auch in anderer Hinsicht angewendet. Man verwendet sie unter anderem bei Lernspielen. Auch im Bereich der Weiterbildung gewinnt das Thema zunehmend an Relevanz. Der Grund ist völlig logisch, denn jeder weiß doch, dass Bildung in der heutigen
5 Gesellschaft zu einer permanenten Aufgabe geworden ist. Ein weiterer Vorteil von Serious Games ist, dass auch die digitale Kompetenz gestärkt wird. Eine Umfrage bei Personalverantwortlichen in der freien Wirtschaft aus dem Jahr 2018 zeigt: 82 % von ihnen kennen Serious Games und 56 % haben sie eingesetzt. Außerdem denken 40 % der Personalverantwortlichen, dass ein Vorteil von Serious Games ist, dass dadurch das Lernen Spaß macht.

4. Formuliere die statistischen Angaben aus Material 3 (S. 28) so um, dass die Angaben besser erklärt werden. Orientiere dich dafür auch an der Arbeitstechnik-Box *Statistiken auswerten* im Schülerbuch auf S. 73. Arbeite im Heft.

5. Fasse die Passage aus Material 4 (S. 28) zusammen. Vermeide die unterstrichenen Wörter.

Speziell für Kinder mit einer Asthmaerkrankung ist das Spiel „Luftikids" entwickelt worden. Diese lernen spielerisch den richtigen Umgang mit ihrer Erkrankung und auch, wie sie korrekt ihre Peak-Flow-Werte messen. Zusätzlich werden auch Vorsorgemöglichkeiten, asthmaauslösende Faktoren und Therapiemöglichkeiten vermittelt, sodass die Kinder und Jugendlichen leichter an der Verbesserung ihres Krankheitsbildes mitwirken können.

_____

_____

_____

_____

_____

6. Forme folgenden Satz in die indirekte Rede um:

Frau Tilmanns bemerkt: „Kein anderes Medium kann Systematiken so zugänglich und Kausalitäten erlebbar machen."

_____

_____

7. Erkläre die Regel bei der Bildung der passenden Konjunktivform.

_____

_____

8. Auch die Umformung in das Passiv oder das Aktiv ist eine Möglichkeit, Informationen aus dem Material zu verarbeiten und umzuformulieren. Forme folgende Sätze ins Aktiv oder ins Passiv um.

Das können zum einen Spiele sein, die ganz konkret Fähigkeiten trainieren – wie z. B. ein Planspiel, das Strategien übt.

_____

_____

_____

Zusätzlich werden [durch das Spiel „Luftikids"] auch Vorsorgemöglichkeiten, asthmaauslösende Faktoren und Therapiemöglichkeiten vermittelt.

_____

_____

_____

_____

Serious Games ahmen echte Situationen aus dem Leben nach.

_____

_____

_____

9. Suche weitere Sätze im Passiv, die du umformulieren möchtest. Arbeite im Heft.

10. Lies folgenden Text zur Frage „Welche Vorteile haben Serious Games für das Lernen?".
Verbessere die Darstellung der Zusammenhänge, indem du kausale, finale und konsekutive Gelenkwörter verwendest. Orientiere dich dabei auch an den Formulierungshilfen und an dem Beispiel. Arbeite im Heft.

Bei der Frage, wie man das Lernen effektiv und ansprechend gestalten kann, bieten Serious Games eine Reihe von Vorteilen. Grundsätzlich sind es Spiele und diese sind für Menschen reizvoll. Menschen meistern in Spielen gern Herausforderungen und lassen sich bereitwillig auf eine Adventure-Handlung ein. Es gibt aber auch andere Lernspiele. Manche Spiele helfen dabei, z. B.
5 mathematische Aufgaben zu verstehen. Das bedeutet, dass der Spieler hier ganz gezielt an der Stelle eine Hilfe bekommt, an der er Verständnisprobleme hat. Wenn man die Lösung auf dem kürzesten Weg findet, bekommt man außerdem mehr Sterne. Das entspricht wieder dem bekannten Verfahren in Spielen: Durch spielerische Herausforderungen erhöht man die Leistungsbereitschaft. Das hilft beim besseren Lernen. Unter anderem werden die Lernmotivation und die Kreativität gesteigert. Es
10 ist also kein Wunder, dass auch viele Unternehmen Serious Games für die Fortbildung ihrer Mitarbeiter einsetzen. Hier kommt noch hinzu, dass auch weitere Vorteile, mit dieser Art zu lernen, verbunden sind (Entwickeln von Softskills wie Teamfähigkeit, Konfliktfähigkeit, digitale Kompetenz).

Beispiel für Z. 13–16: Aufgrund des Motivationspotenzials von Spielen nutzen auch viele Unternehmen Serious Games für die Fortbildung ihrer Mitarbeiter, **mit dem Ergebnis**, dass der Lernerfolg größer ist, **weil** z. B. die Kreativität der Mitarbeiter gesteigert werden kann.

Formulieren kausaler, konsekutiver und finaler Zusammenhänge

kausal	konsekutiv	final
weil	mit dem Ergebnis, dass	damit
da	so ..., dass ...	was damit erreicht werden soll, ist ...
aufgrund von	sodass	das Ziel ist ...
wegen	wodurch	das hat den Zweck ...
der Grund ist ...	dadurch	man verfolgt damit die Absicht ...
die Ursache dafür ist ...	führt zu ...	die Intention ist ...
das liegt daran, dass ...	als Folge davon	das dient dazu, + Infinitivkonstruktion
deswegen/deshalb	infolgedessen	

11. Verfasse mithilfe der Checkliste und deinen Ergebnissen aus Aufgabe 1 (S. 24) einen informierenden Text über Serious Games. Arbeite im Heft.

Checkliste

	Ja	Nein
Inhalt/Aufbau		
✔ Aus den Materialien werden passende Informationen ausgewählt.	☐	☐
✔ Die Informationen aus den Materialien werden richtig wiedergegeben.	☐	☐
✔ Grafiken, Bilder und weitere nichtlineare Texte werden angemessen versprachlicht.	☐	☐
✔ Der Text ist nach eigenen Gesichtspunkten strukturiert/die wichtigen thematischen Aspekte werden berücksichtigt.	☐	☐
✔ Der Text ist logisch aufgebaut. Die Schwerpunktsetzung ist gelungen.	☐	☐
✔ Der Schreibanlass (Aufgabenstellung) ist passend umgesetzt/die Interessen der Leserinnen und Leser werden berücksichtigt.	☐	☐
Schreiben		
✔ Die Einleitung weckt Interesse/führt knapp zum Thema hin.	☐	☐
✔ Der Text ist im Sachstil verfasst. Das Material wird nicht abgeschrieben, sondern Informationen werden in eigenen Formulierungen wiedergegeben.	☐	☐
✔ Fachbegriffe werden verständlich verwendet, ggf. erklärt.	☐	☐
✔ Der Schluss rundet ab, greift ggf. auf die Einleitung zurück.	☐	☐
Überarbeiten		
✔ Rechtschreib- und Grammatikregeln werden eingehalten.	☐	☐
✔ Die Wortwahl, die Formulierungen und der Stil des Textes sind angemessen im Hinblick auf Schreibanlass und Adressatinnen/Adressaten (z.B. nicht zu umgangssprachlich, nicht zu fachsprachlich, nicht zu kompliziert, ...).	☐	☐
✔ Die Wortwahl ist abwechslungsreich und treffend.	☐	☐

Über den Inhalt literarischer Texte informieren

⊕ Training interaktiv
45633n
SCHÜLERBUCH:
Über den Inhalt literarischer
Texte informieren
S. 104–123

Eine Inhaltsangabe vorbereiten

 Mit einer **Inhaltsangabe** kannst du sachlich und knapp darüber **informieren**, worum es in literarischen Texten (z. B. Erzählungen, Balladen), in Filmen oder in Sachtexten (z. B. Zeitungsbericht) geht.
Bei erzählenden Texten fasst du die Geschichte so zusammen, dass die Leserin/der Leser den Verlauf und die Zusammenhänge der Handlung nachvollziehen kann. Du kannst so vorgehen:
– Mache Notizen zu deinem Eindruck nach dem ersten Lesen und zu Fragen, die du dir stellst.
– Lies den Text mehrmals und beantworte die **W-Fragen** (Wer?, Wann?, Was?, Wo? usw.).
– Kläre, worum es in dem Text geht: Thema, Problem.
– Gliedere die **äußere Handlung** des Textes in **Handlungsschritte**.
– Ordne der äußeren Handlung Informationen über die innere Handlung zu, die für das Verständnis der Geschichte wichtig sind.
– Sammle Informationen, die du für den **Basissatz** (TATT: Titel, Autor, Textsorte, Thema) benötigst.

○ **1.** Lies zunächst nur den Titel der folgenden Erzählung und notiere kurz deine Erwartungen.

_____

_____

Johann Peter Hebel: Der große Schwimmer (1811)

Vor dem leidigen Krieg, als man noch unangefochten aus Frankreich nach England reisen und in Dover ein Schöpplein trinken oder Zeug kaufen konnte zu einem Westlein, ging wöchentlich zweimal ein großes Postschiff von Calais nach Dover durch die Meerenge und wieder zurück. Denn dort ist das Meer zwischen beiden Ländern nur wenige Meilen breit. Aber man musste
5 kommen, eh' das Schiff abfuhr, wenn man mitfahren wollte. Dies schien ein Franzos aus Gaskonien nicht zu wissen, denn er kam eine Viertelstunde zu spät, als man schon die Hühner eintat in Calais, und der Himmel überzog sich mit Wolken. Soll ich jetzt ein paar Tage hier sitzen bleiben und Maulaffen feil haben, bis wieder eine Gelegenheit kommt? Nein, dachte er, ringer, ich gebe einem Schiffsmann ein Zwölfsousstücklein und fahre dem Postschiff nach. Denn ein kleines Boot
10 fährt geschwinder als das schwere Postschiff und holt es wohl ein. Als er aber in dem offenen Fahrzeuge saß, „wenn ich daran gedacht hätte", sagte der Schiffsmann, „so hätt' ich ein Spanntuch mitgenommen"; denn es fing an zu tröpfeln; aber wie? In kurzer Zeit strömte ein Regenguss aus der hohen Nacht herab, als wenn noch ein Meer von oben mit dem Meer von unten sich vermählen wollte. Aber der Gaskonier dachte: „Das gibt einen Spaß." – „Gottlob!", sagte endlich der Schiffs-
15 mann, „ich sehe das Postschiff." Als er nun an demselben angelegt hatte, und der Gaskonier war hinaufgeklettert und kam mitten in der Nacht und mitten im Meer auf einmal durch das Türlein hinein zu der Reisegesellschaft, die im Schiff saß, wunderte sich jeder, wo er herkomme, so spät, so allein und so nass. Denn in einem solchen Meerschiff sitzt man wie in einem Keller und hört vor dem Gespräch der Gesellschaft, vor dem Geschrei der Schiffsleute, vor dem Getöse, vor dem Rau-
20 schen der Segel und Brausen der Wellen nicht, was draußen vorgeht, und keinem dachte das Herz daran, dass es regnete. „Ihr seht ja aus", sagte einer, „als wenn Ihr wäret gekielholt, das heißt unter dem Schiff durchgezogen worden." – „So? Meint Ihr", sagte der Gaskonier, „man könne trocken schwimmen? Wenn das noch einer erfindet, so will ich's auch lernen, denn ich bin der Bote von

Oleron und schwimme alle Montage mit Briefen und Bestellungen nach dem festen Lande, weil's
geschwinder geht. Aber jetzt hab' ich etwas in England zu verrichten. Wenn's erlaubt ist", fuhr er
fort, „so will ich nun vollends mitfahren, weil ich euch glücklicherweise angetroffen habe. Es kann
den Sternen nach nimmer weit sein nach Dover." – „Landsmann", sagte einer und stieß eine Wolke
von Tabaksrauch aus dem Mund (es war aber kein Landsmann, sondern ein Engländer), „wenn Ihr
von Calais bis hierher geschwommen seid durch das Meer, so seid Ihr noch über den schwarzen
Schwimmer in London." – „Ich gehe keinem aus dem Weg", sagte der Gaskonier. – „Wollt Ihr's
mit ihm versuchen", erwiderte der Engländer, „wenn ich hundert Louisdor auf Euch setze?" Der
Gaskonier sagte: „Mir an!" Reiche Engländer haben im Brauch, auf Leute, die sich in einer kör-
perlichen Kunst hervortun, große Summen untereinander zu verwetten; deswegen nahm der Engländer im Schiff den Gaskonier auf seine Kosten mit sich nach London und hielt ihm gut zu mit
Essen und Trinken, dass er bei guten Kräften bliebe. „Mylord", sagte er in London zu einem guten
Freund, „ich habe einen Schwimmer mitgebracht vom Meer. Gilt's hundert Guineen: er schwimmt
besser als Euer Mohr?" Der gute Freund sagte: „Es gilt!" Den andern Tag erschienen beide mit
ihren Schwimmern auf einem bestimmten Platz an dem Themsefluss, und viel hundert neugierige
Menschen hatten sich versammelt und wetteten noch extra, der eine auf den Mohr, der andere auf
den Gaskonier, einen Schilling, sechs Schilling; eine, zwei, fünf, zehn, zwanzig Guineen, und der
Mohr schlug den Gaskonier nicht hoch an. Als sich aber beide schon ausgekleidet hatten, band sich
der Gaskonier mit einem ledernen Riemen noch ein Kistlein an den Leib und sagte nicht warum,
als wenn's so sein müsste. Der Mohr sagte: „Wie kommt Ihr mir vor? Habt Ihr so etwas dem
großen Springer abgelernt, der Bleikugeln an die Füße binden musste, wenn er einen Hasen fangen
wollte, damit er den Hasen nicht übersprang?" Der Gaskonier öffnete das Kistlein und sagte: „Ich
habe nur eine Flasche Wein darin, ein paar Knackwürste und ein Laiblein Brot. Ich wollte Euch
eben fragen, wo Ihr Euere Lebensmittel habt. Denn ich schwimme jetzt geradeswegs den Themsefluss hinab in die Nordsee und durch den Kanal ins Atlantische Meer nach Cádix, und wenn's
nach mir geht, so kehren wir unterwegs nirgends ein, denn bis Montag, als den sechzehnten, muss
ich wieder in Oleron sein. Aber in Cádix im Rösslein will ich morgen früh ein gutes Mittagessen
bestellen, dass es fertig ist, bis Ihr nachkommt." Der geneigte Leser hätte kaum gedacht, dass er sich
auf diese Art aus der Affäre herausziehen würde. Aber der Mohr verlor Hören und Sehen. „Mit
diesem Enterich", sagte er zu seinem Herrn, „kann ich nicht in die Wette schwimmen. Tut, was
ihr wollt", und kleidete sich wieder an. Also war die Wette zu Ende, und der Gaskonier bekam von
seinem Engländer, der ihn mitgebracht hatte, eine ansehnliche Belohnung, der Mohr aber wurde
von jedermann ausgelacht. Denn ob man wohl merken mochte, dass es von dem Franzosen nur
Spiegelfechterei war, so fand doch jedermann Vergnügen an dem kecken Einfall und an dem uner-
warteten Ausgang, und er wurde nachher von allen, die auf ihn gewettet hatten, noch vier Wochen
lang in allen Wirtshäusern und Bierkneipen freigehalten und bekannte, dass er noch sein Leben
lang in keinem Wasser gewesen sei.

leidiger Krieg: Krieg zwischen Frankreich unter Napoleon
und den europäischen Großmächten (1803–1815)
Calais: Hafenstadt in Nordfrankreich
Dover: englische Hafenstadt am Ärmelkanal
Gaskonien: Landschaft in Südwestfrankreich
Oleron: Insel vor der Küste Südwestfrankreichs

Lousidor: französische Goldmünze im 17. und 18. Jahrhundert
Guinee: britische Goldmünze vom 17. Jahrhundert bis 1816
Mohr: frühere Bezeichnung von Menschen mit dunkler Haut-
farbe, die historisch von den Einwohnern Mauretaniens, also
von den Mauren abgeleitet wurde
Cádix: atlantische Hafenstadt in Südspanien (Andalusien)

2. Lies den Text und mach dir Notizen zu deinem ersten Eindruck. Vergleiche die Handlung mit deinen
Erwartungen.

○ **3.** Kläre dir unbekannte Wörter und Wendungen, indem du sie aus dem Kontext erschließt oder im Wörterbuch nachschaust, z. B.:

Zeug (Z. 2) _____

Hühner eintat (Z. 6) _____

Maulaffen feilhaben (Z. 8) _____

ringer (Z. 8) _____

_____

_____

4. Beantworte stichpunktartig die verschiedenen W-Fragen.

Wer? _____

Was? _____

_____

Wann? _____

Wo? _____

Wie? _____

Warum? _____

5. Entscheide, welche Hinweise helfen können, die Handlungsschritte zu erkennen. Streiche Falsches durch.

Absätze auftretende Figuren Orte Sprecherwechsel Tempuswechsel Wendung Sätze

abtretende Figuren Gesprächsthema neue Handlung Tempus Reaktion auf Gesagtes

6. Gliedere die Kurzgeschichte in Handlungsschritte und formuliere knapp, worum es in den einzelnen Abschnitten geht.

Z. 1–8: *Ein Franzose aus Gaskonien verpasst ein Schiff, mit dem er über den Ärmelkanal*

von Calais nach Dover fahren möchte.

Z. _____: _____

_____

Z. _____: _____

_____

Z. _____: _____

_____

Z. _____: _____

7. Kläre, wie sich der Gaskonier in den verschiedenen Situationen verhält und wie die anderen Figuren der Geschichte darauf reagieren. Ergänze die Tabelle. Arbeite im Heft.

Verhalten des Gaskoniers	Reaktionen der Figuren
klettert auf das Postschiff und geht völlig durchnässt zur Reisegesellschaft (Z. 16/17)	Verwunderung der Schiffsreisenden, die von dem Regen nichts mitbekommen haben (Z. 17)
…	…

8. Formuliere das Thema der Geschichte. Überlege, warum Hebel die Geschichte für erzählenswert hielt. Ordne die Geschichte einer Textsorte zu. Arbeite im Heft.

9. Sammle die Informationen, die du für den Basissatz benötigst.

T	Titel	„Der große Schwimmer"
A		
T		
T		

10. Beurteile die folgenden Basissätze für die Inhaltsangabe zu „Der große Schwimmer". Notiere auf der rechten Seite, was dir gut gefällt (+) bzw. was verbessert werden sollte (–). Begründe deine Kritik.

A In der Erzählung „Der große Schwimmer" geht es um einen Franzosen, der sich als großer Schwimmer ausgibt und durch eine List einen Wettkampf gewinnt, obwohl er überhaupt nicht schwimmen kann.

B In der Kalendergeschichte „Der große Schwimmer" von Johann Peter Hebel geht es um einen Franzosen, der mit einer Lüge seinen Wettkampfrivalen zum Aufgeben zwingt und für diese List bewundert und belohnt wird.

C In dem Text „Der große Schwimmer" (1811) erzählt der Autor, wie man durch forsches Auftreten und im Grunde unglaubwürdige Behauptungen Erfolg haben kann.

11. Formuliere deinen eigenen Basissatz.

Eine Inhaltsangabe ausformulieren und überarbeiten

Eine Inhaltsangabe ausformulieren

Eine Inhaltsangabe **baust du so auf**:
- Als **Einleitung** beginnst du mit dem **Basissatz**. Dieser informiert über **Titel** (Entstehungsort und -jahr, wenn bekannt), **Autor**, **Textsorte** und die **Kernaussage**, das **Thema**.
- Im **Hauptteil** stellst du die **Handlungsschritte vollständig, knapp** und in der **richtigen Reihenfolge** dar. Damit die Leserin oder der Leser die **Zusammenhänge** versteht, musst du auch die Absichten, Gedanken und Gefühle der Figuren deutlich machen und die Sätze durch Konjunktionen und Pronomen verknüpfen.
- Im **Schlussteil** kannst du das Verhalten der Figuren begründet beurteilen, den Standpunkt des Autors/ der Autorin klären oder dein Verständnis und deine Deutung des Textes formulieren.

Beachte bei der sprachlichen Gestaltung:
- Schreibe **sachlich**: Vermeide im Unterschied zum Erzählen Spannung, Anschaulichkeit und Lebendigkeit. Vermeide im Hauptteil persönliche Wertungen.
- Schreibe **knapp**: Reduziere die Informationen auf das Wesentliche.
- Gib Äußerungen und Gedanken der Figuren und Gespräche nicht wörtlich oder als Zitate wieder, sondern als **indirekte Rede** oder **fasse** sie mit deinen eigenen Worten **zusammen**.
- Schreibe im **Präsens**. Soll Vorzeitigkeit markiert werden, verwendest du das Perfekt.

1. Füge in dem folgenden Ausschnitt aus einer Inhaltsangabe zu „Der große Schwimmer" Wörter ein, mit denen du die Zusammenhänge des Geschehens verdeutlichen kannst. Bestimme die Art der Verknüpfung.

Als ein Franzose aus Gaskonien das Postschiff um eine Viertelstunde verpasst, bezahlt er einen

Schiffsmann, _____damit_____ ihn dieser mit seinem schnelleren kleinen Boot zum Postschiff bringt.

_____ der Fahrt beginnt es sehr stark zu regnen, _____ die beiden völlig

durchnässt werden, _____ der Schiffsmann keinen Regenschutz mitgenommen hat.

5 _____ der Gaskonier denkt an den Spaß, den er haben wird, _____ er klitschnass und

in der Nacht unter die Schiffsreisenden tritt, _____ er auf das Postschiff geklettert ist.

_____ die Reisenden durch den Schiffslärm von dem Unwetter nichts mitbekommen haben,

sind sie durch den plötzlichen Auftritt des triefendnassen Gaskoniers völlig überrascht. Er gibt sich

als einen Boten aus, _____ von der Insel Oleron aus regelmäßig zum Festland schwimme.

10 Heute sei er schwimmend nach England unterwegs. _____ er zufällig auf das

Postschiff gestoßen sei, möchte er mit diesem nun das letzte Stück bis nach Dover zurückzulegen.

_____*damit – final*_____

_____   _____

_____   _____

_____   _____

_____   _____

2. Gib die folgenden direkten Äußerungen in indirekter Rede wieder. Achte dabei auf die Verwendung des Konjunktivs. Orientiere dich an dem Beispiel. Arbeite im Heft.

A Der Gaskonier öffnete das Kistlein und sagte: „Ich habe nur eine Flasche Wein darin, ein paar Knackwürste und ein Laiblein Brot. Ich wollte Euch eben fragen, wo Ihr Euere Lebensmittel habt."

Der Gaskonier öffnete das Kistlein und sagte, er habe nur eine Flasche Wein darin, ein paar Knackwürste und ein Laiblein Brot. Er habe ihn eben fragen wollen, wo er seine Lebensmittel habe.

B Der Gaskonier behauptet: „Ich bin der Bote von Oleron und schwimme alle Montage mit Briefen und Bestellungen nach dem festen Lande, weil's geschwinder geht."

C Ein Engländer sagte: „Wenn Ihr von Calais bis hierher geschwommen seid durch das Meer, so seid Ihr noch über den schwarzen Schwimmer in London."

D „Ich gehe keinem aus dem Weg", sagte der Gaskonier.

3. Fasse die Äußerung des Gaskoniers in eigenen Worten zusammen. Arbeite im Heft.

Der Gaskonier öffnete das Kistlein und sagte: „Ich habe nur eine Flasche Wein darin, ein paar Knackwürste und ein Laiblein Brot. Ich wollte Euch eben fragen, wo Ihr Euere Lebensmittel habt. Denn ich schwimme jetzt geradeswegs den Themsefluss hinab in die Nordsee und durch den Kanal ins Atlantische Meer nach Cádix, und wenn's nach mir geht, so kehren wir unterwegs nirgends ein, denn bis Montag, als den sechzehnten, muss ich wieder in Oleron sein. Aber in Cádix im Rösslein will ich morgen früh ein gutes Mittagessen bestellen, dass es fertig ist, bis Ihr nachkommt."

4. Verfasse eine Inhaltsangabe zu der Kurzgeschichte „Der große Schwimmer". Arbeite im Heft.

Eine Inhaltsangabe überarbeiten

Beim Überarbeiten deiner eigenen **Inhaltsangabe** oder den Inhaltsangaben anderer Schüler und Schülerinnen kannst du so vorgehen:
- Lies den Text aufmerksam durch. Streiche zunächst nichts an, sondern notiere deinen ersten Eindruck und was dir positiv oder negativ aufgefallen ist.
- Überprüfe beim zweiten Lesen den Inhalt, z. B. das **Erfassen des Themas** und **Handlungskerns in der Einleitung**, die Vollständigkeit der **Handlungsschritte**, die Verdeutlichung von **Zusammenhängen**, …
- Bei einem dritten Lesen überprüfst du die **sprachliche Gestaltung** und die **Sprachrichtigkeit.**
- Wenn du Inhaltsangaben z. B. in Schreibkonferenzen überarbeitest, kannst du am Schluss eines Textes knapp notieren, was gut oder weniger gut gelungen ist, und Tipps für die Überarbeitung formulieren.

Durch die Benutzung von Textverarbeitungsprogrammen auf einem Computer, Laptop oder Tablet kannst du die Überarbeitung erleichtern.

William M. Harg: Der Retter (1965)

Der Schoner „Christoph" ging so sanft unter, dass Senter, der einzige Mann am Ausguck, nichts empfand als Staunen über das Meer, das zu ihm emporstieg. Im nächsten Augenblick war er klatschnass, das Wasser schlug über ihm zusammen, und das Takelwerk, an das er sich klammerte, zog ihn in die Tiefe. Also ließ er es los.

5 Senter schwamm benommen und verwirrt, wie ein Mensch, dessen Welt plötzlich versunken ist: Mit einem Mal hob sich, wie aus der Kanone geschossen, eine Planke mit einem Ende aus dem Wasser und fiel mit Dröhnen zurück. Er schwamm darauf zu und ergriff sie. Er sah, dass noch etwas auftauchte, das musste einer seiner acht Kameraden sein. Als aber der Kopf sichtbar wurde, war es nur der Hund. Senter mochte den Hund nicht, und da er erst so kurze Zeit zur Besatzung

10 gehörte, erwiderte das Tier seine Abneigung. Aber jetzt hatte es die Planke erblickt. Es mühte sich ab, sie zu erreichen, und legte die Vorderpfoten darauf. Dadurch sank das eine Ende tiefer ins Wasser. Senter überkam eine furchtbare Angst, sie könnte ganz untergehen. Er zog verzweifelt an seinem Ende: Die Pfoten des Hundes rutschten ab, und er versank.

Aber der Hund kam wieder hoch, und wieder schwamm er schweigend, ohne Hass oder Nachträg-

15 lichkeit, zur Planke zurück und legte seine Pfoten darauf. Wieder zog Senter an seinem Ende, und wieder versank der Hund. Das wiederholte sich ein Dutzend Mal, bis Senter, vom Ziehen ermüdet, mit Entsetzen und Verzweiflung erkannte, dass der Hund es länger aushalten konnte als er. Senter wollte nicht mehr an das Tier denken. Er stützte die Ellenbogen auf die Planke und hob sich, so weit es ging, aus dem Wasser empor, um sich umzusehen. Der Schrecken seiner Lage

20 überwältigte ihn. Er war Hunderte von Meilen vom Land entfernt. Selbst unter den günstigsten Umständen konnte er kaum hoffen, aufgefischt zu werden. Mit Verzweiflung sah er, was ihm bevorstand. Er würde sich einige Stunden lang an der Planke festhalten können – nur wenige Stunden. Dann würde sich sein Griff vor Erschöpfung lösen, und er würde versinken.

Dann fiel sein Blick auf die geduldigen Augen des Hundes. Wut erfüllte ihn, weil der Hund

25 offenbar nicht begriff, dass sie beide sterben mussten. Seine Pfoten lagen am Rande der Planke. Dazwischen hatte er die Schnauze gestützt, sodass die Nase aus dem Wasser ragte und er atmen konnte. Sein Körper war nicht angespannt, sondern trieb ohne Anstrengung auf dem Wasser. Er war nicht aufgeregt wie Senter. Er spähte nicht nach einem Schiff, dachte nicht daran, dass sie kein Wasser hatten, machte sich nicht klar, dass sie bald in ein nasses Grab versinken mussten: Er

30 tat ganz einfach, was im Augenblick getan werden musste.

In der halben Stunde, seit sie sich beide an der Planke festhielten, war Senter bereits ein Dutzend Mal gestorben. Aber der Hund würde nur einmal sterben. Plötzlich war es Senter klar, wenn er selbst zum letzten Mal ins Wasser rutschte, würde der Hund noch immer oben liegen.

Er wurde böse, als er das begriff, und er zog

35 sich die Hosen aus und band sie zu einer Schlinge um die Planke. Dann streckte er den Arm durch und legte den Kopf auf die Planke, genau wie der Hund. Und er triumphierte, denn er wusste: So konnte er es

40 länger aushalten. Dann aber warf er einen Blick auf die See, und Entsetzen erfasste ihn aufs Neue. Schnell sah er den Hund an und versuchte, so wenig an die Zukunft zu denken wie das Tier.

45 Am Nachmittag des zweiten Tages fingen die Pfoten des Hundes an, von der Planke abzurutschen. Mehrere Male schwamm er mit Anstrengung zurück, aber jedes Mal war er schwächer. Und jetzt wusste Senter,

dass der Hund ertrinken musste, obwohl er selbst es noch nicht ahnte. Aber er wusste auch, dass er ihn nicht entbehren konnte. Ohne diese Augen, in die er blicken konnte, würde er an die Zukunft denken und den Verstand verlieren. Er zog sich das Hemd aus, schob sich vorsichtig auf der Planke vorwärts und band die Pfoten des Tieres fest.

Am vierten Abend kam ein Frachter vorüber. Seine Lichter waren abgeblendet. Senter schrie mit heiserer, sich überschlagender Stimme, so laut er konnte. Der Hund bellte schwach. Aber auf dem Dampfer bemerkte man sie nicht. Als er vorüber war, ließ Senter in seiner Verzweiflung und Enttäuschung nicht ab zu rufen. Danach wusste er nicht mehr, was geschah, ob er lebendig war oder tot. Aber immer suchten seine Augen die Augen des Hundes …

Der Arzt des Zerstörers „Vermont", der zur Freude und Aufregung der Mannschaft einen jungen Kameraden und einen Hund auf der See entdeckt und auffischen hatte lassen, schenkte den abgerissenen Fieberphantasien des jungen Menschen keinen Glauben. Denn danach hätten die beiden sechs Tage lang auf dem Wasser getrieben, und das war offenbar unmöglich. Er stand an der Koje und betrachtete den jungen Seemann, der den Hund in den Armen hielt, sodass eine Decke sie beide wärmte. Man hatte ihn erst beruhigen können, als auch der Hund gerettet war. Jetzt schliefen sie beide friedlich. „Können Sie das verstehen", fragte der Arzt einen neben ihm stehenden Offizier, „warum in aller Welt ein junger Bursche, der den gewissen Tod vor Augen sah, sich solche Mühe gab, das Leben eines Hundes zu retten?"

○ **1.** Lies den Text und mach dir Notizen zu deinem ersten Eindruck.

_____

_____

◑ **2.** Überlege, wer deiner Meinung nach der Retter in der Geschichte ist.

_____

_____

_____

◑ **3.** Gliedere den Text in Handlungsschritte und formuliere knapp, worum es in den einzelnen Abschnitten geht.

Z. 1–4: _Nach dem Untergang eines Schiffes lässt ein Seemann das Takelwerk los, um nicht mit in die Tiefe_

gerissen zu werden.

Z. _____: _____

_____

Z. _____: _____

_____

Z. _____: _____

_____

Z. _____: _____

_____

4. 📖 Kläre, wie und warum sich die Beziehung Senters zu dem Hund ändert. Notiere in einer Tabelle, wie sich Senter verhält und was sich in seinem Inneren abspielt. Arbeite im Heft.

Verhalten Senters	innere Handlung

5. 📖 Fasse die Beobachtungen, Gedanken und Gefühle Senters in dem folgenden Textausschnitt in eigenen Worten zusammen. Arbeite im Heft.

Wut erfüllte ihn, weil der Hund offenbar nicht begriff, dass sie beide sterben mussten. Seine Pfoten lagen am Rande der Planke. Dazwischen hatte er die Schnauze gestützt, sodass die Nase aus dem Wasser ragte und er atmen konnte. Sein Körper war nicht angespannt, sondern trieb ohne Anstrengung auf dem Wasser. Er war nicht aufgeregt wie Senter. Er spähte nicht nach einem
5 Schiff, dachte nicht daran, dass sie kein Wasser hatten, machte sich nicht klar, dass sie bald in ein nasses Grab versinken mussten: Er tat ganz einfach, was im Augenblick getan werden musste.

6. Formuliere eine Antwort, die Senter auf die Frage des Arztes (Z. 65–67) geben könnte.

7. 📖 Sammle die Informationen, die du für den Basissatz benötigst. Arbeite in deinem Heft.

8. 📖 Überprüfe auf der Grundlage deiner Bearbeitung der Aufgaben 1 bis 7 und mithilfe der Checkliste aus dem Schülerbuch S. 121 den folgenden Schüleraufsatz. Notiere, was du gelungen findest und was man verbessern könnte. Arbeite im Heft.

In der Kurzgeschichte „Der Retter" von William M. Harg geht es um einen jungen Seemann, der zusammen mit einem Hund den Untergang seines Schiffes überlebt, weil das Tier ihn vor der Verzweiflung bewahrt.
Nachdem der Schoner „Christoph" untergegangen ist, gelingt es nur Senter, der am Ausguck
5 gewesen ist, wieder an die Oberfläche zu kommen. Kurz darauf taucht eine Planke auf, an der sich der junge Mann festklammert. Als kurze Zeit später Senter noch etwas auftauchen sieht, denkt er zunächst, es wäre einer seiner Kameraden, doch es ist nur der Schiffshund, den er nicht leiden kann. Das Tier versucht, seine Pfoten auf die Planke zu legen, doch da diese dadurch weiter eintaucht, zieht er sie weg, sodass der Hund abrutscht. Er paddelt jedoch wieder zur Planke zurück
10 und legt völlig ruhig wieder seine Pfoten auf das Holz, bis Senter die Planke wieder wegzieht. Dieser Vorgang wiederholt sich einige Male, bis Senter es aufgibt, weil der Hund ausdauernder ist. Jetzt erst begreift er die Hoffnungslosigkeit seiner Lage, allein, meilenweit vom Land entfernt. Dem Hund scheint das nichts auszumachen, er ist überhaupt nicht angespannt, und Senter hasst ihn wegen seiner Ruhe, und auch weil er weiß, dass das Tier ihn überleben wird. Er zieht sich
15 die Hose aus und bindet damit seine Arme an die Planke, dann nimmt er die Körperhaltung des Hundes ein. Er versucht auch, so wenig wie der Hund zu denken, und spürt, dass ihm das hilft.

Als der Hund am zweiten Tag schwächer wird und abrutscht, bindet Senter ihn mit seinem Hemd fest. Denn er weiß, dass er das Tier braucht, um nicht zu verzweifeln. Am vierten Tag kommt ein Frachter vorbei, der die Schiffbrüchigen aber trotz der Schreie Senters und des Hundebellens nicht bemerkt. Erst nach sechs Tagen werden sie vom Zerstörer „Vermont" gerettet. Der Schiffsarzt kann nicht glauben, dass die beiden sechs Tage auf dem Meer getrieben sind, und er wundert sich, warum sich Senter erst beruhigt hat, als die Matrosen auch den Hund gerettet haben.

9. Untersuche genauer, wie die Handlungsschritte verknüpft sind. Arbeite im Heft.
   – Markiere die Gelenkwörter.
   – Überlege, welche Zusammenhänge dabei jeweils deutlich werden (temporal, kausal, …).
   – Trage deine Ergebnisse in eine Tabelle ein.

Gelenkwörter	Art der Verknüpfung
weil das Tier	kausal
…	…

10. Überarbeite den Hauptteil des Schüleraufsatzes. Du kannst auch ein Textverarbeitungsprogramm am Computer oder Laptop nutzen.

11. Formuliere einen eigenen Basissatz, in dem das Thema und der Problemgehalt noch deutlicher werden. Berücksichtige deine Ergebnisse aus den Aufgaben 1 bis 6.

_____

_____

12. Ergänze die Inhaltsangabe durch einen Schluss. Wähle eine der Möglichkeiten, die in der Kompetenzbox (S. 40) genannt werden.

_____

_____

_____

_____

_____

_____

13. Überarbeite deine Inhaltsangabe zu Johann Peter Hebels Geschichte „Der große Schwimmer" (S. 36/37). Verwende die Checkliste aus dem Schülerbuch (S. 121). Arbeite in deinem Heft.

14. Tausche die überarbeitete Fassung deiner Inhaltsangabe mit einer Mitschülerin oder einem Mitschüler aus und gebt euch gegenseitig eine differenzierte Rückmeldung anhand der Checkliste.

Umgang mit erzählenden Texten

Training interaktiv
77j7m8
SCHÜLERBUCH:
Umgang mit
erzählenden Texten
S. 124–151

Ein Jugendbuch untersuchen und verstehen

 Romananfänge sind **Eingangstore in eine fiktive Welt**, auf die sich die Leserinnen und Leser einlassen und für die sie gewonnen werden müssen, damit sie weiterlesen. Wenn du einen Romananfang liest und genauer untersuchst, helfen dir folgende **Fragen und Aspekte**:
– Wie **wirkt** der Romanfang auf mich, wodurch wird mein **Interesse** geweckt, was macht mich neugierig?
– Welche **Informationen** bekomme ich über eine Situation, eine Figur, einen Ort, …?
– Wie **beginnt** die Geschichte: unmittelbarer Einstieg in die Handlung mit einer Szene, Charakterisierung des Handlungsorts, …?
– In welcher **Rolle** und aus welcher **Perspektive** wird erzählt: Ich- oder Er-/Sie-Erzählform, Außen- oder Innensicht, Erzählverhalten?

Andreas Steinhöfel: Der mechanische Prinz (2004, Ausschnitt)

Es gibt Ereignisse, die ein ganzes Leben verändern. Manche Menschen warten Jahrzehnte auf ein solches, ohne dass es eintrifft. Sie werden drüber alt und grau und verbittert, und wenn sie sterben, glauben sie immer noch fest daran, dass alles besser gekommen wäre, wenn doch bloß damals, irgendwann, wenigstens ein bisschen …

5 Max hingegen musste nicht lange warten. Sein Leben änderte sich an einem Samstag, und da wurde es auch allerhöchste Zeit. Ich wage sogar zu behaupten, dass es dafür am Sonntag bereits zu spät gewesen wäre.
Warum?
Max erklärte es einem Mädchen, das er an jenem Samstag traf. Das Elend hätte schon damit ange-
10 fangen, sagte er zu dem Mädchen, dass seine Mutter nicht dabei gewesen wäre, als er geboren wurde. Er wusste natürlich, wie absolut blödsinnig sich das anhören musste. Doch im Wesentlichen meinte Max damit genau das Richtige: Er war seiner Mutter vom Tag seiner Geburt an egal gewesen. Wie er auch, seit er sich erinnern konnte, seinem Vater schon immer egal gewesen war. Tatsächlich war Max mit dem schrecklichen Gefühl aufgewachsen, eines der egalsten Kinder auf
15 der Welt zu sein. Meistens wurde er von seinen Eltern einfach übersehen. Manchmal versäumten sie, ihm zu essen zu geben. Wenn sein Vater ihn mit gerunzelter Stirn ansah, wusste Max, dass er gerade überlegte, wie wohl der Junge hieß, der da vor ihm stand. Dieser Junge trug zu kurze Hosen und seine Jacke war zu eng, weil seine Mutter nie daran dachte, ihm neue Klamotten zu kaufen. Sein Geburtstag wurde regelmäßig vergessen, und Weihnachtsgeschenke bekam er nur,
20 damit er die Klappe hielt. Schön war das alles nicht. Manchmal fragte sich Max, wie es ihm überhaupt gelungen war, das zarte Alter von elf Jahren zu erreichen. Und er fragte sich, ob es einen Zeitpunkt gab, an dem ein Mensch so egal geworden war, dass er verschwand. Sich in Luft auflöste wie ein Nebelstreif, weil er es einfach nicht mehr aushielt. Sich aus lauter Traurigkeit ganz tief in sich selbst versteckte, sodass er unerreichbar wurde für die Welt und alles Schöne. Oder einfach vor
25 Kummer starb. An einem Sonntag zum Beispiel.
Das Mädchen verstand ihn sofort.
„Meine Mutter war auch nicht dabei, als ich geboren wurde", sagte sie, „deshalb habe ich diesen blöden Namen. Es war meinen Eltern völlig wurst, wie ich heiße. Also hab ich ein T davor gesetzt, jetzt ist er hübscher."

30 Max bewegte die Lippen und ließ seinen Mund mehrfach leise den Namen ausprobieren. „Ich finde, er klingt sehr hübsch", sagte er dann.

Das Mädchen ließ zufrieden eine große, rosafarbene Kaugummiblase vor ihrem Mund zerplatzen. „Sag ich doch."

Gemeinsam gingen sie alle Buchstaben des Alphabets durch, aber es fand sich kein passender,

35 den man vor Max hätte setzen können. Und das, entschied Max, war nun eigentlich wirklich egal. Er lächelte und hielt dem Mädchen die rechte Hand entgegen.

„Hallo Tanita. Schön dich kennenzulernen."

„Freut mich auch, Max ohne was davor." Eine weitere Kaugummiblase zerplatzte. „Und jetzt komm mit, ich muss dir was zeigen."

40 Tanita ergriff ihn bei der ausgestreckten Hand und zog ihn hinter sich her. Max' Blick fiel dabei auf die Anzeige seiner Armbanduhr. Es war zehn Uhr dreiundzwanzig.

○ **1.** 📖 Lies den Anfang des Jugendbuchs und formuliere, wie dieser auf dich wirkt.

◐ **2.** Untersuche, wodurch das Interesse der Leserinnen und Leser geweckt wird.

🌐 a) Kreuze an, welche Arten des Erzählanfangs in dem Textausschnitt verwendet werden.

☐ unmittelbarer Einstieg mit einer Situation oder Szene

☐ Vorstellung einer Figur

☐ Einführung durch einen außenstehenden Erzähler: Erwartungen gegenüber dem Leben

☐ Vorgeschichte der Handlung

☐ Beschreibung einer Figur

☐ Schilderung des Handlungsorts

b) Markiere entsprechende Textstellen und begründe dann deine Auswahl aus Aufgabe a) kurz.

_____

_____

_____

_____

_____

_____

● **3.** Schildere aus der Perspektive des außenstehenden Ich-Erzählers kurz eine der Situationen, die Max erlebt hat (Mahlzeit, Kleidung, …), sodass diese sich an entsprechender Stelle in den Erzähltext einfügt.

_____

_____

_____

_____

_____

_____

_____

4. Erzähle den Abschnitt von Zeile 9 bis 14 um, indem du die Perspektive von Max einnimmst (Ich-Form). Vergleiche die Wirkung der beiden Erzählformen mithilfe einer Tabelle.

Er-Erzählform	Ich-Erzählform
Distanzierte Beobachterrolle des Erzählers	Max' persönliche Betroffenheit

5. Untersuche das Erzählverhalten in den verschiedenen Textabschnitten. Belege es durch Textstellen und erläutere die Merkmale.

6. Versetze dich in Max hinein und verfasse einen inneren Monolog, in welchem Max zum Ausdruck bringt, wie er sich fühlt und was er über Tanita denkt. Arbeite im Heft.

Darbietungsformen in kurzen Erzähltexten untersuchen

Der Erzähler oder die Erzählerin kann eine Geschichte der Leserin/dem Leser durch verschiedene **Darbietungsformen** vermitteln:
- **Erzählerbericht** über Vorgänge, Ereignisse, Handlungen
- **Beschreibung** von Orten, Räumen, Aussehen der Figuren, …
- **Schilderung** von Situationen, Stimmungen, …
- **Kommentierung** des Geschehens, der Vorgänge, …
- Formen der **Figurenrede**: direkte und indirekte Rede, innerer Monolog, …

Wenn du die Erzählweise genauer untersuchen möchtest, kannst du darauf achten, welche **Funktion** die verschiedenen Darbietungsformen für die **Wahrnehmungsweise** der Leserin/des Lesers haben.
Die Wahrnehmung kann gelenkt werden auf:
- das **äußere Geschehen** (Handlung, Vorgänge)
- das **innere Geschehen** (Gedanken und Gefühle der Figuren, Absichten, Motive, …)
- das **Thema und die Problemebene** (Erzählerkommentar, Reflexion)

Stefan Andres: Das Trockendock (1936)

Das erste Trockendock in Toulon, das gegen Ende des 18. Jahrhunderts von einem Ingenieur namens Grognard erbaut wurde, verdankt seinen Ursprung einer merkwürdigen Begebenheit. Schauplatz war ein Seearsenal, im eigentlichen Sinne aber das Gesicht eines Galee-

5 rensträflings – das Antlitz eines für einen Augenblick um seine Freiheit verzweifelt ringenden Menschen.

Bevor es den von Grognard erbauten Wasserbehälter gab, der mit seinem steigenden Spiegel das Schiff in den Fluss hinausschob, war es üblich, dass ein Galeerensträfling die letzten Dockstützen des vom

10 Stapel laufenden Schiffes, freilich unter Lebensgefahr, wegschlug, worauf dann im gleichen Augenblick der Koloss donnernd und mit funkenstiebendem Kiel ins Wasser schoss. Gelang es dem die Stützen fortschlagenden gefangenen Manne, nicht nur dem Schiff die erste Bewegung zu geben, sondern auch sich selbst mit einem gedanken-

15 schnellen riesigen Satz aus der Nachbarschaft des herabrutschenden hölzernen Berges zu bringen, dann war er im gleichen Augenblick in seine Freiheit und in ein neues Leben gesprungen; gelang es ihm nicht, blieb von seinem Körper nichts übrig als eine schleimige Blutspur.

20 Der Ingenieur Grognard, der sich erstmalig zu einem solchen Stapellauf eingefunden hatte, ergötzte seine Augen an den übrigen festlichen Gästen auf den Tribünen und ließ, ganz den düsteren und ehernen Wundern des Arsenals hingegeben, den Silberknauf seines Stockes zu den immer neuen Märschen mehrerer Militärkapellen

25 auf die hölzerne Balustrade fallen, wo er sich mit andern Ehrengästen befand. Die Kommandos gingen in der Musik unter, gleichwohl bewegten sich die Arbeiter, die freien und die Sträflinge, des gewohnten Vorgangs wie stumme Ameisen kundig, mit Tauen und Ketten und Stangen hantierend, als hinge ein jeder an einem unsicht-

30 baren Faden.

Grognard hatte einen der besten Plätze, er stand dem Bug, etwa fünfzig Schritt entfernt, gerade gegenüber. Wiewohl er vom Hörensagen wusste, auf welch gefährliche Weise man das Schiff flott machte und ins Wasser ließ, so hatte er sich doch nicht den Vorgang aus den

35 Worten in eine deutliche Vorstellung überführt. Ja, er war sogar unbestimmt der Ansicht, dass es menschlich und gut sei, wenn ein ohnehin verwirktes Leben durch einen kühnen Einsatz sich entweder für die Allgemeinheit nützlich verbrauche oder für sich selber

neu beginne. Nun aber, als endlich die Stützen am Schiffsrumpf alle

40 bis auf die am Bug fortgenommen; als die Arbeiter zurückkommandiert und die Matrosen an Bord gegangen waren; als schließlich die Musik mit ihren in die Weite schreitenden Takten plötzlich abbrach; als nur noch ein Trommelwirbel dumpf und knöchern gegen die düsteren Mauern des Arsenals anrollte – und verstummte –, da kam

45 ein einzelner Mann in seiner roten Sträflingsjacke mit den schweren hufnagelbeschlagenen Schuhen über das Pflaster gegen das Schiff geschlurft. Er trug einen riesigen Zuschlaghammer in der Hand, der zuerst herabhing, dann, je näher der Mann dem schwarzen Schiffsbauch kam, sich zögernd hob und, als seine winzige Gestalt der Fre-

50 gatte so nahe war, dass ihr gewölbter Rumpf ihn wie ein schwarzer Fittich überschattete, einmal pickend und vorsichtig pochend eine Stütze berührte, schließlich aber in der Hand des Mannes auf dieselbe Weise herabhing.

Es lag eine gefährliche Stille über der Fregatte und den Zuschauern.

55 Grognard bemerkte, dass er zitterte und mit dem Silberknauf seines Stockes die vorsichtig antastende Bewegung des Zuschlaghammers mitgetan hatte. Und als ob dieses winzige Geräusch des Stockes sein Ohr erreicht hätte, – der Sträfling wandte sich plötzlich wie hilfesuchend um. Grognard konnte die Nummer an der grünfarbenen

60 Mütze des lebenslänglich Verurteilten lesen – es war die Nummer 3222 – und zugleich mit der Zahl und wie durch sie hindurch sah er das zitternde Lächeln, in welchem der Sträfling seine Zähne entblößte und einmal langsam die Augen verdrehte, als wollte er Schiff, Zuschauer, Mauern und Himmel mit diesem einen Blick gierig ver-

65 schlingen. Aber sofort wandte er sich wieder dem Schiff zu – mit einem Ruck, so als könnte die Fregatte etwa hinter ihm arglistig ohne sein Zutun entrinnen. Einen Atemzug lang blieb er regungslos stehen, den Hammer gesenkt, dann hob er ihn langsam … Es ging ein Stöhnen über den Platz, man wusste nicht, kam es aus dem

70 Publikum, dem ächzenden Gebälk des Schiffes oder der Brust des Mannes, der im gleichen Augenblick zuschlug: einmal, zweimal, hin- und herspringend, gelenkig wie ein Wiesel und wild wie ein Stier, und dreimal zuschlug und viermal, man zählte nicht mehr. Das Schiff knackte, mischte seine vom Hammer geweckte Stimme

75 in dessen Schläge – und da, als noch ein Schlag kam, sprang es mit einem Satz vor, und auch der Mann sprang, den Hammer wie in Abwehr gegen den plötzlich bebenden Schiffsrumpf werfend, sprang

noch einmal, blieb aber, als nun alles aufschrie, das Gesicht in den

Händen, stehen, wie ein Mensch im Traum – und der Schiffsrumpf

80 rüttelte zischend und dröhnend über ihn fort.

Dieser Vorgang, der nur wenige Atemzüge lang gedauert hatte, löste

einen brünstigen vieldeutigen Schrei aus, der hinter der Fregatte

herschnob – über die blutige Spur fort, die alsbald einige Sträflinge

mit Sand zu tilgen kamen.

85 Auch Grognard hatte im allgemeinen Jubel einen Schrei getan und

mit dem Schrei zugleich einen Schwur. Dieser Schwur aber enthielt

im ersten Augenblick seines Entstehens einen Kern: und in diesem

barg sich das Bild eines Trockendocks.

Als hätte er gewusst, dass seine Lächerlichkeit damit besiegelt sei,

90 wenn er die eigentliche Triebkraft zu diesem Plan enthüllte: Er

führte nur Beweggründe ins Feld, die das öffentliche Wohl und den

Fortschritt betrafen. Und als endlich trotz aller Widerstände das

Dock mit Becken und Schleusentor fertig war, geschah es, dass der

Urheber, der sich nun von jenem zwischen Hoffnung und Todesangst

95 verzerrten Lächeln des Galeerensträflings erlöst glaubte, von einem

Gefangenen mit einem Hammer niedergeschlagen wurde – es war,

als Grognard gerade den Platz am Trockendock überschritt. Der

Gefangene trug die grüne Wollmütze der Lebenslänglichen und

schleppte seine Kette gemächlich hinter sich her. Eine Weile war er

100 um Grognard in immer enger werdenden Kreisen langsam herumge-

gangen, bis er schließlich vor ihm stand. Grognard sah offenbar zuerst

nur die Mütze und die Nummer daran, bei deren Anblick er wie

über einer geheimnisvollen Zahl jäh erstarrte. Doch da schrie auch

schon der Mensch, seinen Hammer schwingend: „Das ist der Mann

105 des Fortschritts, der uns den Weg zur Freiheit nahm! Zur Hölle mit

dir!" Die herbeieilenden Wachen, die sich des Sterbenden annahmen,

sahen, wie der noch einmal die Augen aufschlug, und hörten,

wie er mit einer Stimme, die voller Verwunderung schien, flüsterte:

„Ah – 3222 – Pardon – ich habe mich geirrt!"

Arnaud Groignard (1680–1750), französischer Ingenieur, baute das Trockendock in Toulon 1774–1778;
die Erzählung ist weitgehend frei erfunden. **Arsenal:** Lager für Geräte und Waffen, **Galeerensträfling:** jemand, der zum Rudern
auf einer Galeere verurteilt wurde; hier Zwangsarbeit in einem Arsenal. **Galeere:** durch Rudern fortbewegtes Kriegsschiff,
Balustrade: Brüstung oder Geländer an Trppen und Balkonen, **Fregatte:** kleines, schnelles Kriegsschiff

○ **1.** 📰 Lies den Erzähltext und versetze dich, nachdem du nun den Schluss der Geschichte kennst, in den
Sträfling 3222 hinein. Füge aus der Perspektive des Erzählers eine kurze Passage in Z. 65 ein, die schildert,
was dem Sträfling in diesem Moment des Sich-Umblickens (Z. 58 f.) durch den Kopf geht.

2. Übernimm die Tabelle in dein Heft und beantworte die Fragen in Stichpunkten und mit Textbelegen.

Figuren Wer?	Ort Wo?	Zeit Wann?	Handlung Was?	Thema Problem Worum geht es?
Grognard (Z. yx) ...				

3. Gliedere den Text und formuliere die Handlungsschritte in der Randspalte.

4. Untersuche die verwendeten Darbietungsformen des Erzählens und benenne ihre Funktion. Arbeite im Heft.

Textstelle	Darbietungsform	Funktion
Z. 1–6	*Erzählerbericht*	*macht durch den Hinweis auf eine „merkwürdige Begebenheit" neugierig*
Z. x–y	*...*	*...*

5. Beschreibe sprachliche Gestaltungsmittel des schildernden Erzählens in dem Abschnitt Z. 54–80 („Es lag eine gefährliche Stille ..."). Achte auf den **Satzbau** und seine **Funktion**, Mittel der **bildlichen Darstellung** (z.B. Personifikation, Vergleiche) und anschauliche **Attribute**.

_____

_____

_____

_____

_____

_____

6. Erzähle mit eigenen Worten nach,
   – wie Grognard den Stapellauf vor seinem Erlebnis beurteilt,
   – welche Motive ihn zum Bau eines Trockendocks bewegen,
   – mit welchen Gründen er den Bau rechtfertigt.
   Du kannst zur Erfassung der Umstände zunächst die Tabelle in dein Heft übertragen und ausfüllen.

Sichtweise vor dem Erlebnis	Grognards wahre Motive	Argumente für die Rechtfertigung

7. Versetze dich in die Lage des sterbenden Grognard und formuliere seinen „Irrtum" als inneren Monolog. Arbeite im Heft. Überarbeite anschließend deinen Beitrag mithilfe der „Textlupe".

8. Leite aus deiner Bearbeitung der Aufgaben 6 und 7 das Thema und den Problemgehalt der Erzählung ab. Arbeite im Heft.

Komposition und Handlungsmuster von Erzähltexten untersuchen

 Wie du bei deinem eigenen Erzählen einem Erzählplan folgst, so gestalten auch Autorinnen und Autoren den Aufbau bzw. die Komposition ihrer Erzähltexte bewusst. **Der Handlungsaufbau** folgt dabei oft einem **Grundmuster:**

- **Ausgangslage**, z.B. auslösendes Ereignis, Situation einer Figur
- **Entwicklung der Handlung**, z.B. Konflikte, Entscheidungen
- **Ende der Handlung**, z.B. Lösung eines Konflikts

Der Erzähler/die Erzählerin kann dabei die einzelnen Vorgänge und Ereignisse des Geschehens
- in **chronologischer Folge** erzählen (linear),
- im **Rückblick** erzählen,
- oder das Geschehen **verknappend** (zeitraffend) oder besonders **detailliert** (zeitdehnend) erzählen.

1. Tausche dich im Team über deine Eindrücke aus, wie die Geschichte komponiert ist.

2. Beschreibe das Handlungsmuster. Ergänze die folgende Tabelle.

Z. 1–10	Ausgangslage	*Stapellauf vor der Erfindung des Trockendocks: ein Galeerensträfling schlägt die letzten Stützen des Schiffs weg → Chance, die Freiheit zu erlangen*
	Handlungs-entwicklung	
	Ende der Handlung	

3. 📖 Notiere mit Zeilenangaben, welche Teile der Handlung zeitdehnend und welche zeitraffend erzählt werden. Arbeite im Heft.

4. Markiere im Text Kernbegriffe, an denen die thematische Entfaltung des Problems deutlich wird, z.B.: Z. 17: „Freiheit", „neues Leben" ↔ Z. 18f. „schleimige Blutspur".

5. 📖 Schreibe einen Dialog Grognards mit einem Beamten der zuständigen Behörde, in dem Grognard seine Idee des Trockendocks vertritt.

6. Nenne Merkmale, mit denen du begründen kannst, dass es sich um eine Kurzgeschichte handelt.

Gedichte untersuchen und vergleichen

🌐 **Training interaktiv**
d5vw57

SCHÜLERBUCH:
Gedichte untersuchen
und vergleichen
S. 170–185

Gedichte erschließen

Wenn du **Inhalt** und **Aussage** eines Gedichts erschließt, kannst du so vorgehen:
- **Aktiviere dein Vorwissen:** Autor, Entstehungszeit, Erwartungen ausgehend vom Titel oder der Art des Gedichts (z.B. Ballade, Haiku).
- Halte deine **ersten Eindrücke** fest, nachdem du das Gedicht einmal überfliegend gelesen hast.
- Lies es dann mehrmals genau, kläre **unbekannte Wörter** und halte **Schlüsselwörter** und -stellen fest.
- Gib **Thema** und Inhalt in **eigenen Worten** wieder und formuliere eine **Kernaussage**.

Um **Form** und **Sprache** des Gedichts genauer zu untersuchen, kannst du **Reimschema**, **Metrum**, **Satzbau** und **Wortfelder** betrachten. **Stilfiguren** solltest du immer in ihrer Wirkung untersuchen.

Willst du Gedichte miteinander **vergleichen**, musst du sie zunächst jeweils genau erschließen und dann sinnvolle **Vergleichsaspekte** festlegen. Konzentriere dich auf die auffälligsten **Gemeinsamkeiten** und **Unterschiede**.

Andreas H. Drescher: Großmutter beim Bohnenschälen (2006)

Das Gefühl in meinem Hals
Wenn eine der weichen
Schoten unter ihren Fingern auf

brach

in die blaugraue Kittelschürze
Der Polyesterfaltenwurf
der noch immer ins Pflanzliche

k
n
i
t
t
e
r
t

1. Übertrage alle Wörter und Wortgruppen aus dem Gedicht, die sich eindeutig der jeweiligen Überschrift zuordnen lassen, in die Tabelle.

Mensch	Pflanze	Unbelebtes
Großmutter	Bohnen(schälen)	blaugraue Kittelschürze

2. Ordne die Wörter „aufbrach" und „knittert" sinnlichen Wahrnehmungen zu. Überlege mögliche Zusammenhänge mit dem „Gefühl in meinem Hals".

_____

_____

_____

_____

3. Tausche dich mit deinem Banknachbarn oder deiner Banknachbarin über die Ergebnisse aus den Aufgaben 1 und 2 aus. Besprecht, wie der Inhalt des Gedichts durch die Art der Darstellung unterstrichen wird. Macht euch Notizen.

_____

_____

_____

_____

4. Fasse deine Beobachtungen zum Gedicht in einem kurzen Text zusammen. Vergleiche dein Ergebnis mit dem deines Teampartners/deiner Teampartnerin. Überarbeitet eure Texte in einer Schreibkonferenz.

_____

_____

_____

_____

_____

_____

5. Versetze dich in das lyrische Ich. Verfasse eine Schilderung zu der Situation, die im Gedicht dargestellt wird. Arbeite im Heft. Stelle deine Schilderung im Team vor. Lasse dir Rückmeldung geben.

Gedichte zum Thema „Heimat" erschließen

Zehra Çırak: Doppelte Nationalitätsmoral (1994)

Die Socken
rot mit weißem Stern im Sichelmond
die Schuhe schwarz rot gold
für viele ist es
5   wie ein warmer Fuß
im kalten Schuhwerk
für andere
ein Doppelknoten
in einem
10 nur schnürsenkellangen Leben
aber das
auf heißem Boden

Die deutsche Dichterin Zehra Çırak wurde 1960 in Istanbul geboren. Als sie drei Jahre alt war, kam sie nach Deutschland, wo sie aufwuchs. Sie lebt in Berlin. Für ihre Gedichte erhielt sie zahlreiche Auszeichnungen.

○ **1.** Lies das Gedicht „Doppelte Nationalitätsmoral".
⊕   Markiere alle Begriffe und Formulierungen zum Wortfeld „Fuß".

◐ **2.** Sortiere die markierten Begriffe aus dem Gedicht nach positivem und negativem Beiklang in die Tabelle.
⊕   Achte dabei auf die Attribute.

+	–	nicht eindeutig +/–

● **3.** Erläutere auf der Grundlage der Ergebnisse zu den Aufgaben 1 und 2 den Zusammenhang zwischen dem Wortfeld „Fuß" und dem Leben mit zwei Identitäten.

_____

_____

_____

_____

_____

_____

_____

_____

_____

_____

4. Recherchiere dazu die Bedeutung der Begriffe „Doppelte Staatsbürgerschaft", „Nationalität", „Doppelte Moral".

Doppelte Staatsbürgerschaft: _____

_____

Nationalität: _____

_____

Doppelte Moral: _____

_____

_____

5. Erkläre den Titel des Gedichts.

_____

_____

_____

_____

6. Formuliere – ausgehend von deinem Verständnis des Gedichts und den folgenden Informationen – Fragen, die du der Autorin stellen könntest. Du kannst dich über sie und ihre Gedichte auch im Internet genauer informieren.

Das Salz kennt kein Nationalgericht (2016, Ausschnitt)

Wenn ihr, vertraut Zehra Çırak mir nun an, während sie einen leckeren türkischen Salat serviert, etwas auf den Wecker ginge, dann die ewigen Fragen der Journalisten nach ihrem „Migrationshintergrund": „Das Leben in Deutschland, das Türkisch-Sein, darüber habe ich nie geschrieben, war überhaupt gar nicht mein Thema und wurde es auch später nicht, das wurde immer nur von
5 außen an mich herangetragen", sagt sie und seufzt. Überhaupt störe sie das Denken in nationalen Kategorien. Sie kontert in einem Gedicht mit der knappen Sentenz: „Das Salz kennt kein Nationalgericht".
In ihrem Gedicht „Doppelte Nationalitätsmoral" beschreibt sie den Konflikt, den sie oft bei anderen beobachtet: „Die Socken / rot mit weißen Stern im Sichelmond / die Schuhe schwarz rot
10 gold / für viele ist es / wie ein warmer Fuß / im kalten Schuhwerk / für andere/ ein Doppelknoten / in einem / nur schnürsenkellangen Leben." Für sie gäbe es aber eben nicht nur diese beiden „Schuh"-Alternativen: Schon in dem frühen Prosatext „Kulturidentität" aus ihrem Band „Vogel auf dem Rücken eines Elefanten" hatte die Dichterin klar formuliert: „Ich bevorzuge weder meine türkische noch meine deutsche Kultur. Ich lebe und sehne mich nach einer Mischkultur […]."

_____

_____

_____

_____

_____

Mundartlyrik erschließen

 Wenn du **Mundartlyrik** erschließen willst, kannst du darauf achten,
– welche **sprachlichen Mittel** im Vergleich zur Hochsprache eingesetzt werden,
– ob der Dialekt die **Aussage** des Gedichts besonders betont,
– worin sich das Gedicht **unterscheiden** würde, wenn es in der **Hochsprache** verfasst wäre.

Manfred Chobot: Oabeitsplozz (2016)★

de auslenda sogt da schtaumgost
zum wiatn noch a paar kriagln
neeman unsarans de oabeitsplezz weg
waast wos du kaunst scho muang bei mia
5 oabeitn i brauch e a hüüf fia de kuchl
und fias seawian i schtöö di sofuat aun
bist deppat I bin do ka trottl und reiss ma
an haksn aus beim hakkln mei
oabeitslosngööd laungt mia zum saufen
10 waast du eigentlich sogt da wiat
dass i fon da tiakei zuagrast bin
und no fua a poa joa söba a auslenda woa?
oba des wiatshaus hot mia kana gschenkt
dafia hob I ghakklt und net gsoffn so wia du
15 do kumm i nimma zu dia bei an auslenda
hukk i net im wiatshaus und schmeiss eam
mei saua fadiints gööd in sein giirign rachen
i wea dia bsuff ka anziche trenan nochwaanan

Axel Kusch: Umklammerung (2016)

Der Junge
mit der dunklen Haut
sonntags nach seinem Torschuss
in der Umklammerung
5 der anderen Spieler.
Ein paar Augenblicke
die Furcht,
er könnte ersticken.
Dann sein befreiendes Lachen
10 unter der Nachmittagssonne.

Da spürt man
gar nicht mehr,
dass er Türke ist,
sagt einer am Spielfeldrand
15 und winkt ihm zu.

★ Das Gedicht ist im Wiener Dialekt geschrieben.

○ **1.** Formt zusammen im Team nach dem Muster unten „Oabeitsplozz" als Dramenszene um. Ihr könnt den Text in die Standardsprache oder in euren eigenen Dialekt übertragen. Arbeitet im Heft.

Stammgast *(vor sich einige leere Bierkrüge; er lallt)*: Die Ausländer nehmen uns die Arbeitsplätze weg.
Wirt: Weißt du was, du kannst schon morgen bei mir arbeiten. Ich brauche sowieso eine Hilfe für die Küche und fürs Bedienen. Ich stell dich sofort an. (…)

● **2.** Vergleiche die beiden Gedichte „Oabeitsplozz" und „Umklammerung" miteinander. Übertrage die Tabelle in dein Heft und ergänze sie.

	Oabeitsplozz	Umklammerung
Thema		
Situation		
…		
…		
…		

Exilgedichte in ihren Kontexten untersuchen

 Exilliteratur spiegelt die Erfahrung von Autorinnen und Autoren, die aus ihrer Heimat fliehen mussten oder vertrieben wurden und im Ausland im **Exil** leben. Wichtige Hinweise zur Deutung von Exillyrik können **Informationen** über die Verfasserinnen und Verfasser und ihr **Leben** sein. Diese tragen häufig zu einem **vertieften Verständnis** bei.

Hilde Domin: Mit leichtem Gepäck (1962)

Gewöhn dich nicht.
Du darfst dich nicht gewöhnen.

Eine Rose ist eine Rose.
Aber ein Heim
5 ist kein Heim.

Sag dem Schoßhund Gegenstand ab

der dich anwedelt
aus den Schaufenstern.
Er irrt. Du

10 riechst nicht nach Bleiben.

Ein Löffel ist besser als zwei.

Häng ihn dir um den Hals,

du darfst einen haben,
denn mit der Hand

15 schöpft sich das Heiße zu schwer.

Es liefe der Zucker dir durch die Finger,

wie der Trost,
wie der Wunsch,
an dem Tag

20 da er dein wird.

Du darfst einen Löffel haben,

eine Rose,
vielleicht ein Herz
und, vielleicht,

25 ein Grab.

Hilde Domin (1909–2006), geboren und aufgewachsen in Köln, war Jüdin. Ihr Studium führte sie 1932 nach Rom, was ihr erster Exilort wurde, nachdem die Nationalsozialisten 1933 an die Macht kamen. Deren gefährlichen Antisemitismus hatte sie früh erkannt. Später flüchtete sie nach England, Santo Domingo, auf die Antillen und in die USA. 1954 kehrte sie nach Deutschland (und Spanien) zurück, lebte ab 1961 in Heidelberg.

1. Markiere im Text die Aufforderungen des lyrischen Ich an den Adressaten. Formuliere das Thema und erläutere, wie dieses mit der Biografie der Autorin zusammenhängt.

_____

_____

_____

_____

2. Untersuche, mit welchen sprachlichen Bildern die Erfahrung der Exilsituation dargestellt wird.

3. Informiere dich genauer über das Leben der Autorin im Exil. Formuliere die Gedanken und Gefühle, die in der letzten Strophe zum Ausdruck kommen, in der Form eines inneren Monologs. Arbeite im Heft.

Dramatische Texte untersuchen

Die Zeichensprache von Dramentexten verstehen

 Beim Lesen eines Dramas kannst du folgende Arten von Texten unterscheiden:

- **Informationen des Autors** zu den Figuren (Name, Rolle) im Figuren- oder Personenverzeichnis und zum Handlungsort
- **Regie- und Bühnenanweisungen** für die szenische Umsetzung (meist kursiv gesetzt), z.B. zur Sprechweise und zum Verhalten der Figuren, zum Auf- und Abtreten von Figuren, zur Gestaltung des Bühnenbildes
- **Sprechtexte der Figuren** in Dialogen (eine Figur spricht zu/mit einer anderen Figur) oder Monologen (eine Figur spricht mit sich selbst, gibt ihre Gedanken wieder)

Lutz Hübner: Creeps (2000, Ausschnitt)

Darsteller

Petra Kowalski
16 Jahre alt, Outfit gemäßigt modisch mit einem leichten Schlag ins Prollige, (Flocatijacke), Rucksack.
Kein Dialekt, aber eine sächsische Sprachmelodie.

Maren Terbuyken
17 Jahre alt, kurze Haare, … ungeschminkt, …

Lilly Marie Teetz
17 Jahre alt, schwarzes Kostüm, sehr schick, …

Offvoice
Die fröhlich intime „Guten Morgen-Wecker"-Stimme. Dreißig aufwärts, Typus Berufsjugendlicher/Medienversion.

Bühne
Die Studiodekoration einer Musiksendung. Auf der hinteren Wand eine Videoleinwand, ein Graffiti „CREEPS" (evtl. als Projektion.)

○ **1.** Notiere, was du über die Figur der Petra Kowalski im Personenverzeichnis erfährst.

_____

_____

⊖ **2.** Kläre die Figurenkonstellation und den Handlungsort. Überlege, warum die weiblichen Jugendlichen in einem Raum eines Musikstudios sein könnten und welche Rolle die Stimme aus dem Off dabei spielen könnte. Tauscht euch über eure Überlegungen aus.

_____

_____

● **3.** Ergänze Merkmale der beiden anderen Figuren, sodass diese verschiedene „Typen" von Jugendlichen verkörpern.

_____

_____

Die Funktion der Exposition erkennen

 Den Beginn eines dramatischen Textes nennt man **Exposition**. Sie zeigt die Situation und die Beziehungen der Figuren, aus denen sich ein Konflikt entwickelt.

Meist bekommst du folgende **Informationen**, die du für das Verständnis des Stücks brauchst:
- **Hauptfiguren**, ihre Rolle, ihre Eigenschaften, Interessen und Ziele
- **Vorgeschichte**
- **Beziehungen** zwischen den Figuren, z.B. Machtverhältnisse, Abhängigkeit, Unter- und Überordnung, aus denen sich ein **Konfliktpotential** ergibt

Lutz Hübner: Creeps (2000, Ausschnitt)

Die Bühne ist dunkel. Musik: Radiohead: Creep/acoustic.
Auf der Videoleinwand evtl. Text:
„Du siehst verdammt gut aus, du bist cool, ohne dich kommt keine Party auf Touren, deine freche Schnauze ist Kult.
Warum eigentlich hast du dich nicht schon längst bei uns beworben?!
Wir suchen genau solche Moderatoren wie dich!
Power, Präsenz und Personality, um >Creeps< zu moderieren.
[…]
Danach sieht man Schlusssequenzen von Bewerbungsvideos [von Petra, Maren und Lilly]:

○ **1.** Lies die Bühnenanweisung am Beginn des Stücks und notiere, was du über die Vorgeschichte erfährst. Arbeite im Heft. Vergleiche deine Ergebnisse mit den Vermutungen zu Aufgabe 2, S. 60.

◑ **2.** Untersuche die sprachlichen Mittel des Textes oben. Achte auf Wortschatz und Adressatenbezug.

Lutz Hübner: Creeps (2000, Ausschnitt)

Das Licht auf der Bühne zieht auf.
Nach einiger Zeit kommt Petra herein, stellt ihre Tasche ab, sieht sich um, lächelt, wartet.

Petra Hallo, ich bin jetzt da!
Sie setzt sich aufs Sofa.
Petra Super Musik, auch ein geiles Video, kenn ich.
5 *Sie geht noch mal nach draußen, sieht auf dem Türschild nach, kommt wieder herein. Die Musik endet.*
Petra Ist doch hier wegen Creeps, moderieren und so, oder?
Sie sieht sich noch mal um, bemerkt dann den Schrift-
10 *zug »Creeps«. Sie lacht verlegen.*
Petra Oh Mann, alles klar, sieht mir echt ähnlich. Cooles Graffiti, echt.
Maren erscheint in der Tür, stutzt, sieht auf das Türschild.
15 **Maren** Bin ich hier richtig wegen der Sendung Creeps?
Petra Ja klar.

Sie zeigt auf das Graffiti.
Guck mal, habe ich auch eben erst gesehen, echt typisch. Aber es sagt einem ja auch keiner 20 was. Egal. Ist ja auch noch nicht ganz halb, okay. Also ich bin Petra, hallo, ja.
Komm rein, sag ich jetzt einfach mal so. […]
Maren Und was machst du?
Petra zeigt auf das Graffiti. 25
Petra Na, Creeps.
Maren Das mach ich.
Stille.
Petra Also, die haben bei mir angerufen und so.
Maren Bei mir auch. 30
Petra Das wusste ich nicht.
Maren Ich auch nicht.
Petra Vielleicht machen wir das ja zusammen oder so. Gibt's ja öfters.

35 **Maren** Ich weiß nicht, was sie dir gesagt haben.

Petra Da kommt ja bestimmt gleich jemand.

Maren Aber du hast auch ein Videoband geschickt.

Petra Ja klar.

40 *Lilly kommt herein.*

Maren Guten Tag. Hallo, ich bin Maren Terbuyken, wir haben da gerade ein Problem. Wir sind wegen der Moderation da …

Lilly Na? Habt ihr auch eine message gekriegt?

45 **Maren** Ich wurde angerufen.

Lilly Du bist es! Du! Du! Du! Ganz fette Glückwünsche von uns allen und bis bald.

Maren *irritiert.* Ja, genau, jetzt sieht es aber so aus, als ob …

Lilly Genau das haben die mir auch gesagt. Regt 50 euch ab, ich gehöre nicht zu dem Laden.

Petra Versteh ich nicht.

Lilly *setzt sich.*

Lilly Das hier ist ein Casting.

Petra Aber ich hab doch eine Zusage gekriegt, 55 das ist Fakt.

Lilly Das ist eine Endauswahl. […]

---

3. Lies den Beginn des Auftritts der drei Figuren. Unterstreiche Textstellen, an denen du Genaueres über die Situation erfährst. Gib die Situation in eigenen Worten wieder. Arbeite im Heft.

4. Untersuche, wie die drei Figuren auf die Situation reagieren und welche Eigenschaften dadurch deutlich werden. Arbeite im Heft.

5. Skizziere das Bühnenbild des Studios. Lege fest, welche Position die drei Figuren am Ende des Szenenauszugs auf der Bühne einnehmen könnten. Du kannst jede Figur mit ihrem Anfangsbuchstaben kennzeichnen. Greife auch Hinweise aus den Bühnenanweisungen auf.

6. Beschreibe die Stimmung zwischen den Figuren und gib Textstellen als Belege an. Arbeite im Heft.

Die Entwicklung und den Höhepunkt des Konflikts untersuchen und verstehen

Die Entwicklung zum Höhepunkt untersuchen

Im Drama ist der entstehende und sich entwickelnde **Konflikt** ein wichtiger Teil des Aufbaus von Handlung und Figurenkonstellationen. Durch **Handlungen** und **Aussagen** der Figuren kann sich der Konflikt bis zum **Höhepunkt** verschärfen. Mit folgenden Fragen kannst du die Konfliktentwicklung untersuchen:
– Welche **Handlungen** verschärfen den Konflikt? Ist die Verschärfung **beabsichtigt**?
– Ändern sich die **Figurenbeziehungen**? Werden besonders starke **Gefühle** der Figuren deutlich?
– Wie zeigen sich die Verschärfung und der Höhepunkt des Konflikts in der Sprache?
– Welche **Folgen** hat der dramatische Höhepunkt?

Lutz Hübner: Creeps (2000, Ausschnitt)

Der Aufnahmeleiter Arno steuert das Geschehen aus dem Off. Die Mädchen erhalten verschiedene Aufgaben. Sie sollen eine Selbstdarstellung, eine Moderation und ein Interview improvisieren.

[…] Helles Kameralicht, ein Jingle, die Offvoice/OV schaltet sich ein.

OV Okay, hallo, super, dass ihr da seid, alle drei haben das Studio gefunden, der Rest ist ein
5 Kinderspiel, okay, kleiner Scherz. […] Ich bin Arno von der Regie […]. Wir gehen das alles ganz locker an, macht euch keinen Stress […], cool bleiben.

Maren sieht sich suchend um.

10 **Maren** Wie ist das denn? Machen wir das alle zusammen?

OV Immer nach vorne, da ist die Kamera, Okay? […] Ihr seid die Show, wir drücken bloß die Knöpfe, it's all yours. Wir sind gleich wieder
15 da, see you.

Stille, Maren beginnt Sprechübungen zu machen. Lilly schminkt sich nach, Petra macht ein paar Dehnungsübungen.

Lilly Was gibt das denn?

20 **Maren** Ist gut für die Artikulation.

Petra Machst du Theater oder so?

Maren Ja, in der Schule.

Lilly Und du? Problemzonengymnastik?

Petra Jazzdance.

25 **Lilly** Ihr seid echte Cracks, was?

Maren *zu Petra* Ich warte draußen, sagst du mir Bescheid, wenn es losgeht?

Lilly Jetzt sei doch nicht gleich eingeschnappt. Das war ein Witz, das ist meine Art, auf Tou-
30 ren zu kommen.

OV Alles klar, alles im Griff, es kann losgehen. Erst mal Glückwunsch von uns allen, ich kann euch verraten, wir hatten eine Menge Demos, no shit, aber nur bei euch dreien haben wir alle wow! gesagt. Ihr drei habt das, was wir 35 brauchen, und das ist credibility. […] Dafür erst mal ein fetter Applaus.

Applaus wird eingeblendet.

Okay, wir probieren mal ein paar Sachen durch, ganz easy. […] Wenn die rote Kanne 40 da leuchtet, läuft die Maz, dann seid ihr auf Sendung. […] Okay, wir fangen an. Who are you? Basics, erzählt doch einfach mal, wer ihr seid. Maren? […]

Maren Also wer ich bin, nur sagen jetzt mal 45 oder …

OV Up to you, schmeiß dich rein und wichtig: Locker bleiben!

Maren Also so über mich?

OV Okay, Maz ab. 50

Das rote Licht beginnt zu leuchten. Maren geht einen Schritt nach vorne, weiß offensichtlich nicht, wie sie beginnen soll. […]

Maren will anfangen, ein Jingle. Sie setzt erneut an.

Maren Hallo Leute, ich bin Maren, hallo und 55 willkommen, ich find's klasse, dass ihr dabei seid … willkommen bei Creeps, der neuen Sendung, ich bin aus Hamm, ich bin siebzehn und Löwe … Sie stockt. […]

OV Super Bingo und die volle Punktzahl für den Einstieg, relax. […]

Petra Ich würde gern was machen. […]

Musik wird eingespielt, Petra tanzt eine kleine Nummer, geht dann ein paar Schritte nach vorne.

Petra Leute, das ist der Supersound, den ihr ab jetzt immer hier hören könnt, wir haben die Topcharts, die heißesten Abtanznummern und alle News, die euch wirklich interessieren. Ich bin Petra aus Chemnitz oder, wie die richtigen Insider sagen, KM Stadt, kultig und modern, die heißeste Stadt im wilden Osten. Ich grüße alle Clubbers da draußen! […] ich und die Jungs hier präsentieren euch die neuesten Megatrends, alles, was läuft, hier ist immer was los bei Creeps […].

Sie macht noch ein paar Tanzschritte, Pose.

OV Große Klasse, Petra, du hast echt Power.

Petra Danke, vielen Dank, hat auch echt Spaß gemacht.

Lilly Willst du noch auf den Händen laufen oder kann ich dann?

OV Okay Lilly, wir sind mächtig gespannt.

Sie geht nach vorne, setzt sich eine Sonnenbrille auf. […]

Das rote Licht leuchtet. Lilly zeigt auf die Kamera.

Lilly He du, ja du, ich rede mit dir.
Leg die Fernbedienung weg.
Du bist genau da, wo du hinwolltest. Du bist bei Creeps! Du wolltest doch in die high energy zone, wo du dir die Charts und die wirklich wichtigen News runterladen kannst. Dazu jede Menge Tipps, Tratsch und die Trends fürs aktuelle Millennium. Update for your brain. Creeps – denn ein einziger Wirkstoff genügt. […]

OV Große Klasse, Lilly. […]

Maren Ich würde es gern noch mal probieren.

OV Na klar, Maren. Wir machen ein Interview, allright? […]

Lilly soll Maren interviewen. Als sie nicht gleich reagiert, übernimmt Petra.

Lilly Petra, hör mal, halblang, ja? Das war eigentlich meine Runde. Ich weiß ja nicht, wie das bei euch da drüben läuft, aber so munter vordrängeln ist nicht. Wir können das auch auf die harte Tour machen.

Petra Du wolltest doch nicht.

Lilly Ich sollte das Interview machen.

Maren Also wenn du mir nicht zuhörst. Wenn du es nicht nötig hast, mir zuzuhören.

Lilly Ja, entschuldige, dass ich dir nicht fasziniert zugehört habe.

Maren Wir haben hier alle die gleichen Chancen. Das hier ist nicht nur dein Casting.

Lilly Dann hör auch auf, ständig zu fragen, ob du es noch mal machen darfst.

Sie schnipst.

Ich! Ich! Ich, Herr Lehrer. […]

○ **1.** Lies den Ausschnitt aus „Creeps" und markiere Textstellen, an denen die Entstehung eines Konflikts zwischen den Mädchen deutlich wird. Beachte auch die Regieanweisungen.

◑ **2.** Untersuche, wie sich die Figuren bei den einzelnen Aufgaben des Textausschnitts verhalten und wie sich dadurch der Konflikt entwickelt. Kläre, wie das mit der Situation des Castings zusammenhängt.

◑ **3.** Untersuche Arnos Sprache (Offvoice = OV), kläre unbekannte Begriffe. Unterstreiche verschiedenfarbig je ein Beispiel für Jugendsprache, Anglizismen und Fachbegriffe. Beschreibe die Wirkung der Sprache.

● **4.** Beschreibe, durch welche sprachliche Handlungen (z. B. Informationen, Aufforderungen, Lob, …) Arno die Situation moderiert und wie er damit die Stimmung und die Entwicklung des Konflikts beeinflusst. Nimm Stellung dazu. Belege dabei deine Meinung mit Textbeispielen.

● **5.** Schau dir den 3:47-minütigen Clip des „Goethe-Instituts Barcelona zu Lutz Hübner: Creeps" im Internet an. Gib mit eigenen Worten wieder, wie sich der Autor positioniert. Bewerte auch die szenische Umsetzung des Stücks durch die spanischen Schülerinnen des Instituts. Ist der Clip ein Trailer?

Lutz Hübner: Creeps (2000, Ausschnitt)

Lilly interviewt Maren. [...]

Lilly Ja, hallo Maren, live bei uns im Studio. Wir haben ja vorhin im Porträt gehört, dass du dich für Umweltschutz engagierst, dich mit
5 Esoterik beschäftigst, Theater … ich habe so den Eindruck, dass du versuchst, den Dingen auf den Grund zu gehen.

Maren Ja, ich finde es wichtig, dass man nicht nur auf die Oberfläche achtet, in der Gesell-
10 schaft und auch bei Menschen, mit denen man es zu tun hat, sondern dass man rauskriegt, was das für ein Mensch ist, dass man sich respektiert, sich von Ängsten befreit und versucht, hinter die Maske zu sehen. Das ist
15 extrem wichtig.

Lilly Also weg von den Lügen, der Verstellung, den Trends …

Maren Genau.

Lilly Wo ist denn da die Gefahr für dich?

20 **Maren** Dass man sich irgendwann mit diesem Modezeug verwechselt und nicht mehr weiß, was man wirklich will.

Lilly Und warum bewirbst du dich dann bei einer Show, die Mode, Musik und Trends ver-
25 mitteln will?

Maren schweigt, sieht irritiert in Richtung Kamera. [...]

Lilly Was sagt denn deine Familie dazu?

Maren Meine Mutter … die … ja … ja, mal
30 sehen. Ist das wichtig?

Lilly Und in der Schule drücken alle kräftig die Daumen?

Maren schüttelt den Kopf, sie beginnt zu zittern.

Maren Doch schon. Ich weiß nicht.

35 **Lilly** Aber dein Freund, oder?

Maren Hab ich nicht. [...]

Lilly Letzte Frage: Sag doch mal, warum glaubst du, dass du für diesen Job richtig bist.

Maren *zur Kamera* Ich will diese Frage nicht.

40 **OV** Das ist doch eine gute Frage, oder?

Stille.

Maren Weil ich …

Sie bricht ab. Stille.

Lilly Okay, und jetzt Musik. Danke, Maren.

45 *Maren steht auf, geht zurück zum Sofa, Petra steht auf.*

OV Okay, Petra, interviewst du Lilly?

Petra setzt sich, Jingle.

Petra Unterstützen das deine Eltern, dass du
50 dich beworben hast?

Lilly Vielleicht stell ich mich erst mal kurz vor. Ich bin Lilly Marie Teetz hier aus Hamburg, aber nenn mich einfach Lilly. Hallo Petra.

Petra Hallo Lilly.

Lilly Ich hab schon immer mit Medien zu tun 55
gehabt, mein Vater ist art director bei … 'ner ziemlich guten Adresse. Ich interessiere mich für Mode, ich mag Musik, das passt alles wunderbar zusammen, also, warum nicht.

Petra Hast du einen Freund? 60

Lilly Ich will mal in den Staaten Journalismus studieren. Da lohnt es sich nicht, hier noch ein Herz zu brechen, long distance-Beziehungen, da hat keiner was von, höchstens die Telekom.

Petra Und was für Musik hörst du gerne? 65

Lilly *zur Kamera* Das ist doch ein bisschen öde, oder? Wollen wir nicht was Verrücktes machen, Petra?

Petra Ja, klar.

Lilly Machen wir es auf Englisch? 70

Petra überlegt.

Petra What music are your hearing? [...]

OV [...] Wir haben da auch schon mal eine Menge Material, wir haben viel über euch erfahren. [...] Jetzt mal ein Päuschen. [...] 75
Baut euch auf, ihr seid super.
Ich drück euch, bis gleich.

Stille.

Petra Warum hast du das gemacht?

Lilly Was denn? Das englische Interview? Ganz 80
einfach. Copy Kills. Nur meine Fragen nachplappern ist ein bisschen arm.

Petra Warum lässt du es mich nicht auf meine Art machen. Es war meine Runde. [...]

Lilly Jetzt lass mal die gequälte Ossiseele ste- 85
cken. Wenn du dir das Interview aus der Hand nehmen lässt, bist du falsch für den Job. [...] Dranbleiben, es ist deine Nummer.

Maren Jetzt tu doch nicht so!

Lilly Mit dir rede ich gerade nicht. 90

Maren So eine Arroganz hab ich noch nie erlebt, so eine Gemeinheit, du eitle Schnepfe, Hauptsache du, egal, was andere Leute machen …

Lilly *laut* Das ist ein Casting! Hier geht es um 95
einen Job! Kriegt ihr das nicht in die Birne? Das ist keine Klassenfahrt mit Schnitzeljagd,

das ist ein Job beim TV für Acht im Monat, Markenklamotten frei Haus, Home storys, Vip lounge, Trips zu allen Events, das ist ein knallhartes Ding. Was wollt ihr denn in der Sendung machen? Sackhüpfen? Ihr müsst mal checken, dass ihr was bringen müsst!

Maren Darum geht es doch nicht, du verlogenes Miststück, das weißt du genau!

Lilly Worum geht es denn? Worum?

Maren Diese Scheißfragen nach meiner Mutter, nach der Schule, du hast mich reingeritten, mit voller Absicht.

Lilly *schreit* Du stehst doch auf Theater, […] dann lüg doch. Das ist denen doch scheißegal, ob deine Eltern geschieden sind oder nicht, lass doch die Psychokacke. Wo ist denn das Problem, wenn du ein Loser in der Schule bist, ist das meine Schuld? […]

Maren geht auf Lilly los, ohrfeigt sie, Lilly schreit. Petra geht dazwischen.

Maren will wieder zuschlagen.

Petra Aufhören, sofort!

Petra trennt die beiden, Maren bricht zusammen, beginnt hysterisch zu heulen.

Lilly Bist du verrückt? Du bist ja total verrückt!! Du gehörst doch in die Klapse!!

Petra Halt die Schnauze! Hau ab! Lass sie doch in Ruhe! […]

(Zeilenzahlen: 100, 105, 110, 115, 120, 125)

5. Beschreibe Lillys Auftreten und Verhalten in den beiden Interviews. Erläutere die Wirkung auf Petra und Maren. Arbeite im Heft.

6. Stelle in einem Flussdiagramm dar, wie sich Marens Gefühle während des Interviews mit Lilly entwickeln. Achte auf Marens Sprache und die Regieanweisungen. Arbeite im Heft.

7. Markiere im Text Sprachverwendung und Verhaltensweisen, wodurch der Konflikt zwischen Maren und Lilly eskaliert. Erläutere, wie diese Eskalation mit den unterschiedlichen Charakteren und der sozialen Situation der Figuren zusammenhängt. Arbeite im Heft.

Die Lösung des Konflikts verstehen

Die Entwicklung der Handlung steuert in dramatischen Texten auf ein Ende oder einen Schluss zu, bei dem du zwei **Grundmuster** unterscheiden kannst.
- In der **Tragödie** endet der Konflikt mit dem Scheitern oder Tod der Hauptfigur.
- In der **Komödie** werden die Schwächen oder Fehler der Hauptfigur bloßgestellt, ermöglichen aber eine Lösung des Konflikts.

Die Grundmuster zielen auf unterschiedliche **Wirkungen** beim Leser oder Zuschauer:
- Erschütterung über den tragischen Ausgang
- Lachen über die dargestellten komischen Situationen und Verhaltensweisen

In beiden Grundmustern können die emotionalen Wirkungen auch mit Einsichten der Leserinnen und Leser oder Zuschauerinnen und Zuschauer verbunden sein.

Nach dem Streit zwischen Maren und Lilly gehen die Interviews weiter, aber trotz der Konkurrenzsituation beginnen die Mädchen über sich und ihre Motive für dieses Casting zu sprechen.

Lilly Brauchst du den Job?

Petra Ich weiß nicht, ich hab halt gedacht, irgendwie hab ich nie dran geglaubt, ich will ja eigentlich nicht weg aus KM, aber so mal eine Zeit, ich hab ja 'ne Lehrstelle, bin ja auch heilfroh, die wäre dann ja weg, also so gesehen, aber dass man mal was erlebt, bevor es losgeht.

Maren *zu Lilly* Weißt du, was passiert, wenn ich nach Hause komme? Mit meiner Mutter, die allen erzählt hat, dass ich beim Fernsehen bin? Allen? Meine Maren ist doch nicht die blöde Nuss, die in der Schule durchrasselt und die man zum Schulpsychologen schicken muss. Nein, die ist beim Fernsehen, die haben angerufen, sie hat es geschafft! Dabei weiß sie noch nicht mal, dass ich wieder hängen bleibe. Die dreht durch, verstehst du?

Maren *zu Lilly* Und warum machst du es? [...]

Lilly Ich kann so lange raus wie ich will, ich muss nur das Handy angeschaltet lassen. Ich kann mit dem Taxi von hier bis Wunderland fahren, ich kann die Quittungen meinem Vater geben. Wenn ich in den Ferien arbeiten will, ruft mein Vater irgendwo an und ich habe einen Superjob. Ich komm überall rein, wenn ich meinen Namen sage. [...] Das hier ist meins, verstehst du?

○ **1.** Unterstreiche in den Textausschnitten, wie Maren, Petra und Lilly ihre Bewerbung für die Moderation der Musiksendung „Creeps" begründen.

● **2.** Nutze deine markierten Informationen, um für eine Figur deiner Wahl ihr Verhalten während des Höhepunkts (Ausschnitt S. 65 f.) zu erklären.

_____

_____

_____

_____

_____

_____

_____

_____

_____

_____

_____

_____

_____

_____

_____

_____

Lutz Hübner: Creeps (2000, Ausschnitt)

Lilly Ich weiß ja nicht, wie lange das hier für mich dauern wird, aber wenn noch Zeit ist, können wir ja noch in die Stadt, einen Kaffee trinken.

5 **Maren** Ich hab Zeit, viel Zeit.

Petra Also ich will gleich zurück, ich will …

Die Offvoice ist zu hören, mitten in ein Gespräch reingeschnitten, jemand ist auf die Gegensprechtaste gekommen.

10 **OV** *gackernd* … oder unsere Hanseatenzicke, das Gesicht, close up, Hey Lilly of the valley, wir haben uns entschieden, wir drehen dir einen Henkel in den Kopf und verklappen dich bei den teletubbies, mach mal ah-oooh!! … aber voll sexy Gelächter Und wisst ihr was? Wenn 15 das Vatertier mal wieder die Leitung vollsülzt, sagen wir einfach: Herr Teetz, beruhigen Sie sich, alles im grünen Bereich. Ihre Tochter ist gebucht, all down the Elbchaussee und der Frotteepuschel von Gucci *Gelächter* Super, su- 20 per!!!! …

Die Übertragung bricht abrupt ab.
Stille.
Keine der drei rührt sich.
Lilly steht auf, läuft auf und ab, Petra und Maren 25 *rücken zur Seite, Lilly setzt sich zu ihnen auf das Sofa. Stille.*

⬤ **3.** 📇 Lies den Szenenauszug. Erläutere, was die Mädchen durch die Übertragung erkennen und wie dies auf sie wirkt. Verdeutliche, wie sich dadurch die Figurenkonstellation ändert.

⬤ **4.** Überlegt in der Gruppe, welche Folgen die unbeabsichtigte Übertragung für das weitere Geschehen haben könnte.

Lutz Hübner: Creeps (2000, Ausschnitt)

Petra Was machen wir denn jetzt?

Petra Lilly, sag doch mal. […]

Maren Die hören uns bestimmt zu.

Lilly Also, machen wir ein bisschen Stunk, okay? Hey! Arno! Süßer! Wir machen den Job nicht, 5 kapiert? […].

Maren Was wollt ihr denn?

Petra Ich will den Arsch einmal sehen. […]

Lilly Hey Arno! Drei Mädchen warten sehn-süchtig auf dich, lass uns noch mal deine Su-10 perstimme hören!

OV Ich bin ganz Ohr.

Lilly Das Casting ist gelaufen, klar?

OV Klar ist es das.

Lilly Du checkst ja richtig was.

15 **OV** Klar doch.

Lilly Genug gezaubert.

OV Klar.

Petra Wir wollen den Job nicht.

OV Ihr wart super, wirklich.

20 **Maren** Wir machen es nicht.

OV Ihr habt es doch gemacht.

Petra Was?

OV Ihr seid es.

Lilly Lass stecken, ja? Die Nummer ist durch, bye bye. 25

OV Ihr seid Creeps. Ist ein Kompliment.

Maren Ich gehe jetzt, ich kann das nicht mehr hören.

OV Ihr wart unser bestes Material bisher. Stern-stunde, wirklich, sagen alle. 30

Lilly Ihr könnt euch andere Moderatoren su-chen, wir haben die Schnauze voll.

OV Okay, jetzt kommt erst mal ein bisschen runter, ihr braucht nicht mehr aufzudrehen, die Kamera läuft nicht mehr. Wir haben ein 35 tape, aus dem wir einen verdammt guten Clip zaubern können, ist alles dabei, die bunte Knabbermischung: fun and emotion, Tränen, Wut.

Maren Kapiere ich nicht. 40

OV Wir haben jetzt nur einen kleinen rough mix hingekriegt, auch Zaubern dauert seine Zeit, wollt ihr mal einen Blick reinhören? Film ab.

Lilly setzt sich, danach Petra und Maren. Das Licht 45 *geht aus. Videoeinwand.*

Es folgt ein Trailer aus Zitaten des Castings, auch

aus den Off-zeiten, kurze Clips der Moderatio-
nen, Tanznummern. Die Ohrfeige von Maren, ihr
Zusammenbruch, alles sehr schnell geschnitten, […]
dazwischen Schnipsel aus Dialogen, Lillys Arno!-
Rufe.
Eine perfekte kurze Nummer über drei sehr coole
Frauen, Liebe, Hass, Statements, Texteinblendun-
gen etc. … […]
Gegen Ende des Clips wird der Schriftzug Creeps!
eingeblendet, dann ein Mädchen, stilistisch zwischen
Björk und Franka Potente.

Ansage Hallo Leute, hier ist Kathleen, willkommen bei Creeps, dem neuen Lifestylema-
gazin mit den etwas anderen Tipps.
Black. […]
Mädchen *off voice* Hallo Mädels, ich bin Kathleen, hi. Ich hab gerade hier oben in der Regie
den rough cut angeschaut, den die gezaubert
haben, und ich muss sagen, ich bin total be-
geistert. Ihr seid so was von authentisch. Das
wird ein super Trailer für meine Sendung.

5. Untersuche den Textausschnitt und notiere, wie die Mädchen auf die Übertragung reagieren. Vergleiche die Ergebnisse mit den eigenen Überlegungen (Aufgabe 4, S. 68). Arbeite im Heft.

6. Kläre, was die Mädchen nach dem Abspielen des Trailers erkennen. Wähle eine der Figuren aus und schreibe in einem Tagebucheintrag, wie diese Einsicht auf sie wirkt. Arbeite im Heft.

7. In einer Besprechung einer Aufführung des Stücks am Trierer Theater 2007 schrieb der Rezensent:

Der Regisseur und sein Sender sind kein von außen über die Kandidatinnen herein-
gebrochenes Schicksal. Womit sie beim Casting konfrontiert werden, sind auch ihre
eigenen Wünsche und Obsessionen. Man kann ihnen zum Opfer fallen, man kann aber
auch – diese Möglichkeit deutet die Handlung zumindest an – widerstehen und das
faule Spiel nicht mehr mitspielen.

Schreibe einen Leserbrief an die Zeitung, in dem du zur Sichtweise auf das Stück Stellung nimmst.
Gehe dabei auf die Informationen der Box (S. 12) ein. Überarbeite deinen Beitrag mithilfe der „Textlupe".

8. Schau dir im Internet den „Kurzfilm Das Casting" (6:31 min) an. Vergleiche, wodurch sich die Protagonistin des Films im Gegensatz zu denen in „Creeps" durchsetzt.

9. Analysiere den „Kurzfilm Das Casting", indem du
– die Entwicklung der Figur und der Handlung betrachtest und in Stichpunkten festhältst,
– auf den Drehort, das Setting sowie Ausstattungselemente eingehst,
– die Wirkung der Kameraführung und den Umgang mit Licht und Ton untersuchst.

10. Schreibe eine Kurzrezension zu „Kurzfilm Das Casting". Du kannst Vergleiche zu „Creeps" ziehen.

Sprachvarietäten untersuchen

🌐 **Training interaktiv**
7sa6ad

SCHÜLERBUCH:
Sprachvarietäten untersuchen
S. 202–217

Jugendsprachliche Sprechstile untersuchen

Unter dem Begriff „Jugendsprache" werden **verschiedene Sprechstile** zusammengefasst, die Jugendliche in der Kommunikation untereinander verwenden.

Die Jugendsprache im Sinne einer einheitlichen jugendlichen Sprache gibt es nicht, aber es gibt **gemeinsame Merkmale: Vereinfachung, Direktheit, Spontaneität, Intensivierung** und **Kreativität.**

Diese Merkmale finden sich

– im **Wortschatz**, z.B. Rückgriff auf Anglizismen (Singular: der Anglizismus), also auf englische oder englisch anmutende Begriffe, Verwendung von vulgären Ausdrücken, Wortneuschöpfungen (Neologismen), Übertreibungen (Hyperbel), Abkürzungen und

– in der **Grammatik**, z.B. bewusster Verstoß gegen die standardsprachliche Syntax, verkürzte bzw. unvollständige Sätze (sog. Ellipsen), Füllwörter wie *ey.*

„Voll cool!" – Jugendsprache und Anglizismen (2016, Ausschnitt)

Darstellungen über die Jugendsprache sind grundsätzlich riskant. Denn die Jugendsprache ist ein Konstrukt. Jugendsprache lässt sich zwar bestimmen als die Sprache, die von jüngeren Menschen gesprochen und geschrieben wird. Aber zum einen ist die so definierte Gruppe riesig und so heterogen, dass es schwer ist, ihre Sprache greifbar zu machen. Lokale Unterschiede, Unterschiede
5 nach Alter und Geschlecht (ein 13-Jähriger spricht anders als eine 18-Jährige), nach sozialem Hintergrund, Interessen oder Freizeitaktivitäten sowie nach Kommunikationskanälen sind nur einige Faktoren.

Hinzu kommt, dass Jugendsprache einem extrem schnellen Wandel unterliegt. Bis jugendspezifische Ausdrücke von (erwachsenen) Wissenschaftlern registriert, aufgegriffen, fixiert und diskutiert
10 sind, haben sie sich möglicherweise im jugendlichen Sprachgebrauch schon wieder abgenutzt. Nicht selten reagieren Jugendliche verächtlich, wenn man ihnen „Jugendsprache" (aus Erwachsenensicht) vorsetzt.

[…] Im Bewusstsein dieser Einschränkungen wollen wir es nun dennoch wagen, uns auf das Gebiet Jugendsprache einzulassen. Konkret soll dafür das Wortfeld GUT
15 betrachtet werden – also adjektivische Ausdrücke für Zustimmung, Anerkennung, positive Rückmeldung. […] In unserem Kontext soll dabei selbstverständlich ein Fokus auf Anglizismen liegen: Das Wortfeld GUT ist
20 sehr elementar. Welche Rolle spielen dabei Anglizismen? Stimmt es, dass Jugendsprache inflationär von Anglizismen überschwemmt ist, dass sprachliche Gestaltung von jungen Leuten sich nahezu vollständig auf Anglizismen beschränkt? […]
25 Zum jugendsprachlichen Wortfeld GUT gehören (unsere Sammlung erhebt keineswegs den Anspruch auf Vollständigkeit!): cool, fresh, chillig, lol, hip(p), nice, hammer/hamma, bombe, geil, cremig, mega, krass, riesig, fett, irre, abgefahren, …

1. Zähle auf, welche Faktoren der Verfasser als Begründung dafür aufführt, dass es nicht die eine Jugendsprache gibt.

_____

_____

_____

_____

_____

_____

2. Vergleiche die im Text genannten Begriffe der Jugendsprache aus dem Wortfeld „gut" mit deinem eigenen Sprachgebrauch. Notiere Wörter, die du selbst verwendest, und ergänze die Liste. Sammle Begriffe und Wendungen für das Antonym (Gegenwort) „schlecht".

Wortfeld „gut" (Zustimmung, Anerkennung, positive Rückmeldung)	Wortfeld „schlecht" (Abneigung, Ablehnung, negative Rückmeldung)

3. Markiere aus deiner Liste solche Beispiele, die einen Anglizismus enthalten.

4. 📖 Verfasse für ein „Wörterbuch jugendlichen Sprachgebrauchs" einen Lexikoneintrag zu einem jugendsprachlichen Begriff oder eine Wendung deiner Wahl. Arbeite im Heft.
Der Eintrag sollte folgende Bestandteile enthalten:
– Begriffsnennung
– stichwortartige kurze Begriffsdefinition
– Erklärung der Begriffsherkunft bzw. der ursprünglichen Bedeutung
– Erläuterung, wie, von wem und in welchen Situationen der Begriff verwendet wird

5. Jugendliche Sprechstile weichen oft auch grammatisch von der Standardsprache ab – so etwa das sogenannte Kiezdeutsch. Formuliere folgende Aussagen so um, dass sie der Standardsprache entsprechen und benenne die grammatischen Abweichungen.

a) Musstu Batterie reinmachen. _____

b) Morgen isch geh Konzert. _____

c) Ischwör, Alter, war so. _____

Fachsprache verstehen und untersuchen

Fachsprachliche Texte dienen dazu, Sachverhalte möglichst eindeutig und präzise auszudrücken. Wenn du fachsprachliche Texte untersuchst, kannst du zum Beispiel auf folgende Merkmale achten:
- **unpersönliche Ausdrucksweise** (Passiv, *man*, reflexive Formulierungen)
- **komplexer Satzbau** (insbesondere durch Hypotaxen)
- **zahlreiche Nominalisierungen** und **Abstrakta**
- **Fachwortschatz** (Fachtermini)

Die Bedeutung unbekannter Wörter kannst du oft mithilfe des Textzusammenhangs (Begriffe aus dem Kontext) klären. Bei Fremdwörtern helfen dir auch die Bedeutungen ihrer Wortbestandteile (z. B. *multifunktional*: *multi = viel* und *Funktion = Aufgabe*). In manchen Fällen musst du das Wort in einer Internet-Suchmaschine, einem **Wörterbuch** oder in einem **Fachbuch nachschlagen**.

Eva Neuland: Jugendsprache (2018, Ausschnitt)

Jugendsprache wird in der aktuellen Sprachforschung insbesondere als eine Gruppensprache, genauer gesagt: als Mittel gruppenspezifischer Kommunikation aufgefasst und ethnografisch und gesprächsanalytisch untersucht. Hier geht es um die Erfassung bestimmter Sprechstile, wie sie in bestimmten Situationen […] gebraucht werden. […] Solche Sprechstile sind keine Erfindung ein-

5 zelner Personen; vielmehr bilden sie sich als gemeinsames Produkt einer kollektiven „Stil-Bastelei" im Prozess der Gruppenkommunikation heraus. Die geteilte Erfahrungswelt und Wertsetzungen der Gruppe bilden einen gemeinsamen Bedeutungskontext als Voraussetzung für das Funktionieren einer gruppenspezifischen Verständigungsweise […]. Nur so können im Gespräch Stichwörter aufgegriffen und Anspielungen verstanden, Sprachspiele mit neuen Runden fortgeführt und bishe-

10 rige Gesprächsbeiträge von folgenden kompetitiv nach dem Topping-Prinzip übertroffen werden. […] In dieser Hinsicht zeigen sich auch deutlich die Grenzen des Fremdverstehens vor allem von Erwachsenen. Als „Angehörige fremder Welten" bleibt ihnen der Zugang zu solchen gruppenspezifischen Kommunikationsprozessen oft versperrt.

1. Weise nach, dass der abgedruckte Textausschnitt ein Fachtext ist, indem du mit unterschiedlichen Farben verschiedene fachsprachliche Merkmale markierst.

2. Kläre unbekannte Begriffe aus dem Kontext. Formuliere einen Basissatz, der neben dem Namen der Autorin, dem Titel und Erscheinungsjahr v. a. den Kern des Textes enthält. Arbeite im Heft.

3. „Nur so können […] Gesprächsbeiträge von folgenden kompetitiv nach dem Topping-Prinzip übertroffen werden": Erkläre diese Aussage mit eigenen Worten, nachdem du die enthaltenen Fremdwörter und Fachbegriffe nachgeschlagen hast. Arbeite im Heft.

4. Markiere die Adverbien und Pronomen als sprachliche Mittel zur Gedankenführung im Text und erkläre, welche Funktion ihnen zukommt.

Dialektalen Sprachgebrauch untersuchen

Dialekte sind **regional, teils sogar lokal unterschiedliche Varietäten** der Sprache, aus denen sich im deutschen Sprachraum erst über Jahrhunderte hinweg die Standardsprache herausgebildet hat.
Die deutschen Dialekte lassen sich drei großen Dialektlandschaften zuordnen: **Niederdeutsch, Mitteldeutsch** und **Oberdeutsch.**

Wenn du Dialekte auf ihre **sprachlichen Auffälligkeiten** bzw. Unterschiede hin untersuchen willst, analysiere:
- **Aussprache,** etwa der Vokale bzw. Diphthonge (z.B. für *Mädchen: Maadl, Moidl,* …) oder der Konsonanten (z.B. *Knie: Gnia, Kchnia,* …)
- **Wortschatz** (z.B. für *Kartoffel: Erdäpfel, Grumbirne, Tüffel,* …)
- **Grammatik,** etwa in der Flexion der Personalformen (z.B. für *wir lesen: mia les-n, wir les-e, mia les-ed,* …) oder bei den Tempusformen (z.B. für *geschneit: gschniim, gschnaibt,* …)

Wenn du einen Dialekt untersuchst oder selbst Dialekt sprichst, mache dir dessen **kommunikative Funktionen** bewusst: Der Dialekt gilt als **Nähe-Sprache.** Demgemäß werden oft **Geborgenheit, Heimatverbundenheit, Identität** und **Unverwechselbarkeit** als typische Gründe für den Dialektgebrauch genannt.

1. Stelle anhand der auf der Karte 1 eingetragenen Beispielwörter dar, worin sich die deutschsprachigen Dialektgruppen lautlich unterscheiden.

Konsonantengruppe	
Oberdeutsch	
Mitteldeutsch	
Niederdeutsch	

Karte 1: Dialektlandschaften der Bundesrepublik Deutschland

2. Dialekte unterscheiden sich nicht nur lautlich, sondern oft auch begrifflich. Trage in die Tabelle die unterschiedlichen Bezeichnungen für das „Kleingebäck aus Weizenmehl" ein. Nutze dafür auch die Dialektkarte 1 auf S. 73. Orientiere dich am Beispiel.

Kleingebäck aus Weizenmehl	Dialekt
Semmel	
	Schwäbisch, Alemannisch, Saarländisch

Karte 2: Begriffe für Kleingebäck aus Weizenmehl

3. Recherchiere im Internet nach der Karte „Sprechender Sprachatlas von Bayern" und untersuche, wie die Dialekte Bayerns jeweils den Diminutiv (die Verkleinerungsform) bilden.
Wähle dazu im Menü „Themen" die Rubrik „Nomen" und dort den Unterpunkt „Diminutivformen".
Achte darauf, dass im Menü „Basiskarte" die Rubrik „Bayerns Dialekte" markiert ist.
Bilde die entsprechenden Zuordnungen (Mehrfachzuordnungen möglich):

Dialektregion
Thüringisch
Rheinfränkisch
Unterostfränkisch
Oberostfränkisch
Nordbairisch
Mittelbairisch
Südbairisch
Ostschwäbisch
Niederalemannisch

Diminutivbildung
Hünd**chi**, Hünd**schi**, Hünd**je**
Hünd**lich**
Hünd**li**
Hund**al**
Hund**ai**, Hund**ei**
Hünd**le**
Hünd**li**
Hünd**la**
Hünd**l**

4. Dialektgebrauch in den sozialen Netzwerken: Jugendliche in Österreich, Südtirol und in der Schweiz nennen viele Gründe, warum sie beim Chatten Dialekt verwenden. Kreuze an, welche der Antworten auch für dich zutreffen könnten.

☐ Ich will so schreiben, wie ich rede.

☐ Dialekt ist unkomplizierter, weil ich dabei nicht auf Rechtschreibung achten muss.

☐ Alle meine Freunde schreiben im Dialekt; Hochdeutsch sähe dann eher etwas lustig aus.

☐ Dialekt ist die Sprache, mit der ich am besten vertraut bin.

☐ Das ist meine Muttersprache, in der ich schreibe. Wieso sollte ich in einer „Fremdsprache" schreiben?

☐ Im Dialekt kann ich mich am natürlichsten und verständlichsten ausdrücken.

☐ Ich kann mir nicht vorstellen, Hochdeutsch zu schreiben … das wäre ja fast peinlich.
Dialekt ist einfach cooler, lockerer als Hochdeutsch.

5. Erkläre, wie das Bild und der Schrifttext auf den Dialektgebrauch in den neuen Medien reagieren. Arbeite im Heft.

Ein neues Dialektbewusstsein kommt gerade durch WhatsApp und Facebook auf. Da der Dialekt ja meist kürzer ist als Standarddeutsch, schreiben viele Jugendliche auf Bairisch mit ihren Freunden. Aber es wird dort meist nur geschrieben und nicht gesprochen.

(Sepp Obermeier, Dialekt-Experte und Vorsitzender des Bunds Bairische Sprache e. V.)

6. Verfasse zu einem selbst gewählten Thema einen kurzen Chat (mindestens vier Nachrichten), in dem du Dialekt oder dialektale Elemente benutzt. Wenn deine Lehrkraft zustimmt, kannst du diesen Chat auch mit deinem Lernpartner über eure Smartphones gestalten.

_____

_____

_____

_____

_____

_____

_____

_____

_____

Wortarten und Verbformen funktional einsetzen

🌐 **Training interaktiv**
g9wc3r
SCHÜLERBUCH:
Wortarten und Verbformen
funktional einsetzen
S. 218–231

Wortarten und grammatische Formen erkennen und verwenden

Wortarten unterscheiden sich dadurch, ob sie bei der Verwendung in Sätzen **ihre Form verändern oder nicht.** Diese Veränderung bezeichnet man als **Flexion** oder **Beugung.**

Konjunktionen, Präpositionen und Adverbien zählen zu den **unflektierbaren Wortarten**, das heißt, sie sind im Satz **unveränderlich**.

Die **flektierbaren** Wortarten passen sich durch Veränderung des Wortstamms und der grammatikalischen Endungen ihrer Funktion im Satz an.

Dazu zählen:
- Verben: Sie sind **konjugierbar**, d.h., sie können nach Person, Numerus, Tempus, Genus verbi (Aktiv, Passiv) und Modus (Indikativ, Konjunktiv, Imperativ) bestimmt werden.
- Nomen: Sie sind **deklinierbar**, d.h., sie können nach Kasus, Numerus und Genus bestimmt werden, wobei das Genus für jedes Nomen feststeht.
- Adjektive, Artikel, Pronomen und Numeralia: Sie sind **deklinierbar**. Nicht nur im Kasus und Numerus, sondern auch im Genus passen sie sich jeweils an; die meisten Adjektive sind zudem **steigerbar**.

🟠 **1.** Veranschauliche die Informationen der Kompetenzbox in einem übersichtlichen Verzweigungsschema. Ergänze deine Übersicht durch entsprechende Beispielwörter.

> Wortarten

Sabine Kaufmann: Die Auswanderer (2013, Ausschnitt)

Georg lebt als Schreiner mit seiner Familie im württembergischen Eglosheim; seine Schwiegereltern Jakob und Barbara sind Bauern. Nach den klimabedingten Ernteausfällen 1816, aber auch aufgrund immer neuer Steuer- und Zollforderungen ist die Familie zu Beginn des Jahres 1817 dem Verhungern nahe.

Jeden Abend saß die Familie am schweren Eichentisch in der Stube zusammen. Sie war das Herzstück des Hofes und der einzige Raum, der geheizt wurde. […] Heiß wurde es Georg ohnehin, wenn es um Amerika ging. „Mich hält hier nichts mehr", sagte er, „und wenn es sein muss, gehe ich auch alleine."

5 „Barbara, versteh doch, bevor uns die Regierung das wenige Geld wegnimmt, das wir gespart haben, bin ich dafür, in Amerika ein neues Leben zu beginnen."
Als Johann das sagte, versuchte er, entschlossen dreinzublicken. Dann fügte er hinzu: „Unsere Mehlvorräte gehen bald zu Ende. Was sollen wir bloß tun? Hier werden wir jämmerlich verhungern."

10 Barbara hätte gern eingewilligt. Doch immer kamen ihr die Tränen, wenn sie daran dachte, ihre Heimat verlassen zu müssen. In Eglosheim war sie aufgewachsen, hier waren ihre Kinder geboren. Den Obstgarten rund um den Hof hatte sie selbst angelegt. Vor vier Jahren war ihr die Fahrt zum Schloss Ludwigsburg, das sie nur aus der Ferne gesehen hatte, wie eine Weltreise vorgekommen. Und nun sollte sie nach Amerika auswandern? Wie würde es ihnen in dem fremden Land

15 ergehen? Wovon sollten sie leben? Was wusste man schon Genaues vom anderen Ende der Welt? Ihre Sorgen und Ängste nahmen kein Ende. Da half es wenig, dass Georg ihr Mut machte.

● **2.** 🖽 Bestimme die Wortart und die jeweilige Flexionsform der gelb unterlegten Wörter. Übertrage die Tabelle in dein Heft und ergänze die Spalten. Orientiere dich an den Beispielen.

Wort	Wortart	Kasus	Person	Numerus	Tempus	Steigerungsstufe	Genus	Modus
saß	Verb	–	3	Singular	Präteritum	–	–	Indikativ
um	Präposition	–	–	–	–	–	–	–
gespart haben								
…								
…								

● **3.** 🖽 Verbessere den folgenden Text, indem du die Aussagen durch Konnektoren (Adverbien und Konjunktionen) verknüpfst. Nutze die „Textlupe". Du darfst dafür auch Umstellungen (z. B für die Bildung von Nebensätzen) vornehmen. Arbeite im Heft.

> Barbara war innerlich zerrissen. Die Situation erschien ausweglos. In Eglosheim würde ihre Familie hungern. In Amerika erwartete sie eine ungesicherte Zukunft. Georg ließ nicht locker. Er sprach von Amerika. Seine Augen strahlten. Sie gab seinem Bitten und Drängen nach. Die ganze Familie würde nach Amerika auswandern.

● **4.** 🖽 Markiere in deinem Text in unterschiedlichen Farben Adverbien, nebenordnende Konjunktionen und unterordnende Konjunktionen (Subjunktionen).

Aktiv und Passiv sowie Passivumschreibungen bilden

 Aktiv und Passiv sind die beiden **Handlungsarten des Verbs** (Genera Verbi, Singular: das **Genus Verbi**).
Beim **Aktiv** steht der **Handelnde** im Vordergrund, deshalb nimmt er meist die Subjektposition ein.
Der- oder dasjenige, **mit dem etwas geschieht**, übernimmt die Funktion des **Objekts**.

Nach den Ernteausfällen gab <u>der Bauer</u> <u>seinen Hof</u> auf.
  Subjekt   Objekt

Soll das **Geschehen** oder die Person oder der Gegenstand, **mit denen etwas geschieht**, im Vordergrund
stehen, kannst du das **Passiv** verwenden. Der Handelnde tritt zurück **(täterloses Passiv)** oder kann als
Präpositionalobjekt genannt werden. Das Objekt des Aktivsatzes wird nun zum **Subjekt**.

Nach den Ernteausfällen wurde <u>der Hof</u> <u>(vom Bauern)</u> aufgegeben.
  Subjekt   Präpositionalobjekt

Das Passiv wird gebildet durch
– eine Personalform von *werden* und das Partizip II **(Vorgangspassiv)**,   *Sie **wird** verhaftet.*
– eine Personalform von *sein* und das Partizip II **(Zustandspassiv).**   *Sie **ist** verhaftet.*

A. Enzinger, E. Heywang (Herausgeber, Bearbeiter): Ein Hungerjahr in Schweinfurt (1926, Ausschnitt)

Im Sommer 1816 war die Witterung für die Landwirtschaft äußerst ungünstig. Es regnete beständig,
sodass die Feldfrüchte nicht gediehen. Und der Main trat immer wieder über seine Ufer. **1** Dazu
richtete ein schwerer Hagelschlag fürchterliche Verheerungen unter den Feldfrüchten an. Das
wenige Getreide, das eingebracht werden konnte, war minderwertig. […] – Der Winter kam und
5 brachte, <u>was man vorausgesehen hatte</u>, große Hungersnot. […] Die Not wurde noch schlimmer
dadurch, <u>dass der Misswachs auch den Viehstand kleiner werden ließ</u>. <u>Und bald konnte man auch</u>
<u>bei den Schlächtern das Fleisch nur noch mit Mühe erlangen</u>. Die Getreidepreise stiegen auf das
Fünf- bis Sechsfache. **2** Das Brotkornmehl wurde durch Beimischung von gemahlenen Queckenwurzeln gestreckt.
10 Da die Not immer größer wurde, ließ der Stadtrat Getreide aus Russland kommen. Das Brot
hiervon wurde um 8 Kreuzer das Pfund täglich auf dem Rathaus an die arme Bevölkerung ver-
teilt. Auch eine Suppenküche für die Hungernden musste eingerichtet werden.
[…] So dauerte die Not bis in den Sommer 1817. […] Das neue Jahr brachte eine gute Ernte.
3 Den ersten Getreidewagen der neuen Ernte fuhr der Bürgermeister Christoph Sephoth in die
15 Stadt. <u>Die Einbringung dieses Getreides gestaltete sich zu einer denkwürdigen Feier.</u> Vor dem
Obertor wurde der Wagen von einer Menge Schweinfurter Bürger, der Geistlichkeit und den
Lehrern mit der Jugend empfangen. Eine Musikabtei-
lung verkündete und verschönte das frohe Ereignis.
Und Pfarrer Großgebauer hielt eine ergreifende
20 Ansprache. Danach wurde der Wagen vor den Haupteingang der St. Johanniskirche gefahren.
4 Die Menge folgte und sang dankerfüllt das Lied:
„Nun danket alle Gott." **5** Eine Garbe wurde in der
Kirche platziert, wo Pfarrer Sixt die Festpredigt hielt.
25 Zur Erinnerung an die schreckliche Teuerung wurden
Gedächtnismünzen geprägt. Eine solche findet sich im
städtischen Museum.

die Garbe: Bündel aus Getreidehalmen

○ **1.** Markiere im Text alle Passivsätze.

○ **2.** Setze den folgenden Satz in die angegebenen Zeitstufen: Zur Erinnerung an die schreckliche Teuerung wurden Gedächtnismünzen geprägt. *Zur Erinnerung an die schreckliche Teuerung ...*

Plusquamperfekt: _____

Präsens: _____

Futur I: _____

◑ **3.** Setze die nummerierten Sätze aus dem Text vom Passiv ins Aktiv bzw. vom Aktiv ins Passiv. Behalte dabei das jeweilige Tempus bei und achte darauf, dass du nichts vergisst.

1 _____

_____

2 _____

_____

3 _____

_____

4 _____

_____

5 _____

_____

◑ **4.** Überprüfe gemeinsam mit deinem Lernpartner oder deiner Lernpartnerin die Lösungen aus Aufgabe 3 und entscheidet, welches Genus Verbi jeweils angemessener ist. Begründet eure Entscheidung.

_____

_____

Passivumschreibungen

☆ Um mehr Abwechslung bei der unpersönlichen Darstellung von passiven Handlungen zu erreichen, gibt es Varianten, mit denen du das Passiv umschreiben kannst **(Passivumschreibungen)**:

– *man*-Form:	**Man** konnte kaum mehr erschwingliche Lebensmittel kaufen.
– Infinitiv-Form:	Für die meisten waren Lebensmittel kaum mehr **zu bezahlen**.
– *sein* + Adjektiv (*-bar, -lich, -fähig*):	Die Lebensmittel **waren** kaum mehr **bezahlbar**.
– reflexive Formen (*sich* + Verb, oft mit *lassen*):	Die Lebensmittel **ließen sich** kaum mehr **bezahlen**.
– adverbiale Bestimmungen:	**Infolge der Schwächung** gab es viele Hungertote.

◑ **1.** 📑 Die unterstrichenen Sätze im Text (S. 78) enthalten Passivumschreibungen. Formuliere diese Sätze so um, dass echte Passivsätze entstehen. Arbeite im Heft.

2. Formuliere die folgenden Passivsätze aus dem Text in die jeweils genannten Passivumschreibungen um.

a) Das Brotkornmehl wurde durch Beimischung von gemahlenen Queckenwurzeln gestreckt. (*lassen + sich* + Verb)

_____

b) Auch eine Suppenküche für die Hungernden musste eingerichtet werden. (Infinitivform)

_____

c) Danach wurde der Wagen vor den Haupteingang der St. Johanniskirche gefahren. (*man*-Form)

_____

d) Eine Garbe wurde in der Kirche platziert, wo Pfarrer Sixt die Festpredigt hielt. (adverbiale Bestimmung)

_____

_____

Sabine Kaufmann: Die Auswanderer (2013, Ausschnitt)

Der Beschluss von Georgs Familie, nach Amerika auszuwandern, ist gefällt.
Das Abreisedatum, der 1. Mai 1817, stand bereits fest. Es gab noch so vieles zu tun. Zuletzt mussten sie ihren Besitz zu Geld machen. Für das Haus mit der Scheune, den Ställen und dem Garten interessierte sich eine Witwe aus dem Nachbardorf. […] Die Witwe ersteigerte den gesamten Hof für
5 siebenhundert Gulden, die Wiesen und Äcker gingen an verschiedene Bauern aus der Umgebung, was der Familie Hauß abermals fünfhundert Gulden einbrachte. […]
Was fehlte, waren eine Ausreiseerlaubnis der Regierung und für alle ein Pass. Und zu guter Letzt kümmerten sie sich um Georgs Schulden. Barbara hatte in der Zeitung inseriert, dass die Familie auswandern werde, so sah es das Gesetz vor. Alle Gläubiger, die eine offene Rechnung hatten,
10 sollten sich melden. […]
Es war Anfang April, und Georg Schütz ging zur Amtsstube des Ortsvorstehers. […] Voller Anspannung wartete Georg auf das neue Regierungsblatt, das die Namen der Bürger veröffentlichte, die offiziell ausreisen durften, […] als der Ortsvorsteher das Blatt endlich aushängte. Penibel ging er Zeile für Zeile durch. […] Unter der Rubrik der Auswanderer entdeckte er
15 schließlich die Namen Schütz und Hauß. Jetzt konnte es wirklich losgehen.

Helga Becker: Kommen – Gehen – Bleiben (2017, Ausschnitt)

Wer auf offiziellem Wege auswandern wollte, brauchte die Erlaubnis der Regierung, den Pass vom Oberamt und die Sichtvermerke der Durchreiseländer […]. Man durfte keine Schulden hinterlassen, was auch die Steuern einschloss. Deshalb musste die Auswanderungsabsicht in der Presse bekannt gemacht werden, damit sich Gläubiger melden konnten. […]
5 Besitzverhältnisse, und damit auch oft Erbschaftsfragen, mussten vor der Abreise geregelt, zurückbleibendes Gut verkauft oder versteigert werden. Und die Auswanderer mussten auf ihr Bürgerrecht verzichten.

3. Markiere mit unterschiedlichen Farben die Verben im Aktiv und im Passiv in beiden Texten.

4. Erkläre den unterschiedlichen Gebrauch des Genus Verbi in den Texten. Arbeite im Heft.

Mit dem Konjunktiv der indirekten Rede Äußerungen anderer wiedergeben

 Mit der **indirekten Rede** kannst du wiedergeben, was eine andere Person gesagt oder getan hat.
Um die Redewiedergabe zu markieren, verwendest du den Konjunktiv.

Im Regelfall wird dafür der **Konjunktiv I** verwendet:
Peter sagte: „Ich weiß nicht alles."   –   *Peter sagte, er* **wisse** *nicht alles.*

Wenn die Form des Konjunktivs I mit der des Indikativ Präsens identisch ist, wird in der Regel der
Konjunktiv II als Ersatzform verwendet:
Peter sagte: „Wir wissen nicht alles."   –   *Peter sagte, sie ~~wissen~~ nicht alles.*
    Ersatzform mit Konjunktiv II: *Peter sagte, sie* **wüssten** *nicht alles.*

Wenn wiederum die Form des Konjunktivs II mit der des Indikativ Präteritum identisch ist, wird in der
Regel die **Ersatzform mit „würde"** verwendet:
Die Freunde sagten: „Wir freuen uns sehr."   –   *Die Freunde sagten, sie ~~freuen~~ sich sehr.*
    Ersatzform mit Konjunktiv II: *Die Freunde sagten, sie ~~freuten~~ sich sehr.*
    Ersatzform mit „würde":   *Die Freunde sagten, sie* **würden** *sich sehr* **freuen**.

Auch bei Konjunktivformen, die veraltet wirken, wird die **Ersatzform mit „würde"** verwendet:
                                          Er versicherte, sie ~~schlössen~~ gerne Frieden.
                                          Er versicherte, sie **würden** *gerne Frieden* **schließen**.

Für vergangenes Geschehen gibt es im Konjunktiv I nur eine Form:
Sie beteuerte: „Davon wusste ich nichts."   –   *Sie beteuerte, sie* **habe** *davon nichts* **gewusst**.

**Wolfgang Behringer: Go West! Die Auswanderung nach Nordamerika
(2016, Ausschnitt)**

Die Zahl der britischen Auswanderer wird in den Jahren 1816–1818 auf über 100.000 geschätzt,
die der deutschen […] auf ca. 20.000. […] Die deutsche und schweizerische Auswanderung erfolgte
über den Rhein und über holländische Häfen, meist über Amsterdam, manchmal auch über Rot-
terdam. Wie bei der Auswanderung nach Russland verfügen wir hier nur punktuell über konkrete
Daten. So wissen wir vom preußischen Schiffszoll in Mainz, dass in der ersten Junihälfte 1817
nicht weniger als 5517 Personen rheinabwärts gefahren seien.

○ **1.** 📰 Übertrage den Text in die indirekte Rede. Arbeite im Heft.

○ **2.** 📰 Markiere mit unterschiedlichen Farben in deinem Text die Veränderungen der Verbformen durch
🌐   die indirekte Rede:
    – Verben im Konjunktiv I (doppelte Unterstreichung bei Wiedergabe eines vergangenen Geschehens)
    – Verben in der Ersatzform des Konjunktivs II
    – Verben in der Ersatzform mit „würde"

○ **3.** 📰 Umkreise alle Stellen in deinem Text, die weitere Veränderungen gegenüber dem Originaltext
  aufweisen.

Wolfgang Behringer: Go West! Die Auswanderung nach Nordamerika (2016, Ausschnitt)

Der verzweifelte Wunsch auszuwandern rief aber auch Betrüger auf den Plan. So warnte der „Friedens und Kriegs Kurier", eine Nürnberger Tageszeitung, am 20. April 1817:

Nach mehreren Angaben schleichen [...] unter allerlei Masken Betrüger und Übelgesinnte umher, die den Leichtgläubigen reizende Bilder von dem fernen Russland entwerfen, durch schöne Vorspiegelungen eines anständigen und gemächlichen Lebens auf ausländischen Fluren die Einbildungskraft erhitzen und dadurch Leichtsinnige zum Auswandern verführen.

die Flur: Landschaft, nutzbares Land

4. Setze die Äußerung aus der Nürnberger Tageszeitung in die indirekte Rede, indem du zunächst passende Verbformen einsetzt.

Am 20. April 1817 warnt der „Friedens und Kriegs Kurier", nach mehreren Angaben _____

unter allerlei Masken Betrüger und Übelgesinnte _____, die den Leichtgläubi-

gen reizende Bilder von dem fernen Russland _____, durch schöne

Vorspiegelungen eines anständigen und gemächlichen Lebens auf ausländischen Fluren die Einbil-

dungskraft _____ und dadurch Leichtsinnige zum Auswandern _____.

Sabine Kaufmann: Die Auswanderer (2013, Ausschnitt)

Georg und seine Angehörigen sind inzwischen in Amsterdam angekommen, wo er nach einer Möglichkeit zur Weiterreise in die USA sucht. Da erinnert er sich eines Schreibens, worin ein Kapitän Stein die Atlantiküberfahrt angeboten hat. Georg macht sich auf zum Kontor dieses Kapitäns:

Vor einem der stattlichen Bürgerhäuser fiel ihm eine Menschentraube auf. Georg ging auf sie zu. Die Männer und Frauen schrien laut durcheinander: „Wir wollen unser Geld zurück. Hilft
5 uns denn keiner?" Andere riefen: „Polizei, Polizei." Die Tür zum Kontor von Kapitän Stein blieb verschlossen. Georg fiel ein Mann auf, der unaufhörlich weinte.
„Was ist passiert?"
10 „Reingelegt, reingelegt hat uns dieser Kapitän Stein", schluchzte der Mann.
„Wie bitte?"
„Arglos, wie ich bin, habe ich diesem hinterlistigen Schuft meine gesamten Ersparnisse anver-
15 traut."
„Hat er Ihnen keine Schiffspassage nach Übersee verkauft?", fragte Georg.
„Sicher, er hat versprochen, mich und meine fünfköpfige Familie mit nach Amerika

zu nehmen."
20 „Und?"
„Bar habe ich ihm das Geld auf den Tisch gelegt. Ein Büroschreiber hat den Betrag entgegengenommen und alles in einem großen Buch quittiert. Feinsäuberlich mit Füller." Er kramte
25 ein Stück Papier hervor. „Hier ist der Beweis. Achthundertfünfzig Gulden habe ich bezahlt."
„Und jetzt?"
„Das Kontor ist leer. Stein ist verschwunden. Und mit ihm das ganze Geld." Er heulte los.
30 „Wie soll ich das meiner Familie erklären. Ich bin am Ende."
Georg rann der kalte Schweiß herunter. Um Haaresbreite wäre er einem Betrüger aufgesessen. [...] In den nächsten Tagen sickerte durch,
35 dass Hans Stein innerhalb von zwei Wochen etwa hundert Familien mit seinen falschen Versprechungen hinters Licht geführt hatte.

Kontor: hier Geschäftsstelle, Büro; **quittieren:** durch Unterschrift eine Zahlung bestätigen

5. Der Mann erstattet Anzeige bei der Amsterdamer Polizei. Formuliere diese Anzeige. Gib darin seine Aussagen aus dem Textauszug in indirekter Rede wieder. Gebt euch gegenseitig Rückmeldungen in einer Schreibkonferenz.

Tempusformen funktional verwenden

> Das **Präsens** verwendest du für ein Geschehen, das sich **gerade** ereignet oder einer **allgemeinen Regel** folgt. Es wird eingesetzt
> - zum Erzählen bzw. Schildern im **szenischen Präsens**,
> - zum Vergegenwärtigen geschichtlicher Ereignisse im **historischen Präsens**,
> - zum **Beschreiben** von Bildern und wiederkehrenden Vorgängen,
> - zum **Zusammenfassen** literarischer und pragmatischer Texte und
> - zum **Protokollieren** von Vorgängen und Ergebnissen.
>
> Das **Präteritum** verwendest du zur Darstellung eines **abgeschlossenen vergangenen Geschehens**, insbesondere beim Informieren über einmalige, vor allem auch historische Ereignisse **(Berichten)**. Es ist zudem das klassische **Erzähltempus**.
>
> Wenn Ereignisse vor dem eigentlichen Geschehen liegen **(Vorzeitigkeit)**, werden in der Regel folgende Kombinationen verwendet: Präsens ⟶ Perfekt | Präteritum ⟶ Plusquamperfekt | Futur I ⟶ Futur II

Der Ausbruch des Vulkans Tambora und dessen Auswirkungen auf Europa bilden den Inhalt von Sabine Kaufmanns als „Roman" bezeichneten Erzählband „1816: Das Jahr ohne Sommer": Auf ihrer Website äußert sich die Journalistin, Autorin und Historikerin dazu folgendermaßen:

> Alle Personen, die in dem Buch beschrieben werden, haben tatsächlich gelebt. Und alles, was sie erleben, ist damals passiert. Der Roman „1816 – Das Jahr ohne Sommer" ist ein historischer Episodenroman, jedes Kapitel umfasst eine in sich abgeschlossene Erzählung.

Zum vierten Kapitel, „Die Auswanderer", heißt es:

> Getrieben von Hunger und Elend verließen tausende Familien ihre Heimat und wanderten nach Amerika aus. In den Jahren 1816/17 erhöhte sich die Zahl der Emigranten aus Baden und Württemberg um die unvorstellbare Zahl von 4300 Prozent. Für zwei Familien aus Eglosheim bei Ludwigsburg wurde die Auswanderung eine Reise auf Leben und Tod.

1. 📰 Markiere in unterschiedlichen Farben alle Verben im Präsens und im Präteritum. Begründe, warum die Autorin teils das Präteritum, teils das Präsens verwendet. Arbeite im Heft.

2. 📰 Die Erzählung von den Auswanderern aus Eglosheim endet mit ihrer Ankunft in Amerika. Verknüpfe die folgenden Satzreihen zu Satzgefügen. Nutze die angegebene Konjunktion. Arbeite im Heft.

a) Bei der Überfahrt litten die Auswanderer unter unerträglichen Zuständen. Endlich erreichten sie das amerikanische Festland. [NACHDEM]

b) Während der Schiffspassage sterben Barbaras Ehemann Jakob und ihre Enkelin Laura. Am Ziel angekommen empfindet sie ein Gefühl der Sinnlosigkeit. [WEIL]

3. 📰 Schreibe einen kurzen Brief, in dem Georg einem Freund in Europa schildert, was Kapitän Stein (vgl. Text S. 82) den Auswanderern antat. Markiere anschließend alle finiten Verben und notiere am Rand, welche Funktion das Tempus ausfüllt. Nutze die blaue Box.

Den Textzusammenhang erkennen und herstellen

🌐 **Training interaktiv**
pz84xx
SCHÜLERBUCH:
Den Textzusammenhang
erkennen und herstellen
S. 232–247

Sätze miteinander verbinden und einen Textzusammenhang herstellen

Nebensätze sind dem Hauptsatz untergeordnet und können nicht alleine stehen. Sie werden durch Kommas vom Hauptsatz abgetrennt. Das konjugierte Verb steht in der Regel am Ende des Nebensatzes, außer wenn dieser nicht durch eine Konjunktion eingeleitet ist oder es sich um einen Subjekt- oder Objektsatz handelt, der mit *als* eingeleitet wird.

Er behauptet, er habe es nicht gewusst. → Er behauptet, dass er es nicht gewusst habe.
Es sieht so aus, als würde es bald regnen. → Es sieht so aus, als ob es bald regnen würde.

- Man unterscheidet bei Nebensätzen zwischen **Gliedsätzen**, die ein vollwertiges Satzglied sind, und **Attributsätzen**, die kein vollwertiges Satzglied sind.
- Gliedsätze lassen sich in **Objektsätze**, **Subjektsätze** und **Adverbialsätze** unterteilen. Bei den Adverbialsätzen lassen sich temporale, lokale, kausale, modale, finale, konsekutive oder konditionale unterscheiden.
- Bei den Attributsätzen kann man zwischen **Relativsätzen** und sogenannten ***dass*-Sätzen** unterscheiden.

Infinitiv- oder **Partizipialkonstruktionen** sind eigentlich keine Nebensätze, da in ihnen kein konjugiertes Verb vorkommt. Sie können trotzdem die Funktion von Nebensätzen übernehmen.

 1. Unterstreiche im folgenden Text die Nebensätze und bestimme sie, indem du den Fachbegriff darüberschreibst. Benenne dabei die Adverbialsätze genau.

Gleichzeitig an sechs Orten auf der Welt haben Astronomen das erste Bild, das jemals von einem Schwarzen Loch gemacht wurde, präsentiert. Die wissenschaftliche Sensation wurde möglich, weil Radioteleskope zu einem weltweiten Instrument zusammengeschlossen wurden. Indem man eine höhere Bildgenauigkeit erreichte, konnte man das eigentlich Unsichtbare sichtbar machen.

5 In Schwarzen Löchern ist die Masse von einigen bis mehreren Milliarden Sonnen in einem Punkt zusammengepresst, sodass sie mit ihrer immensen Gravitation alles anziehen, was in ihre Nähe kommt, selbst das Licht. Das Bild des Schwarzen Lochs hilft Astronomen möglicherweise zu klären, ob dessen Umgebung tatsächlich wie erwartet aussieht.

10 sieht. Wenn dies nicht der Fall ist, könnte dies auf eine Abweichung von der physikalischen Theorie hinweisen. Außerdem lässt sich dabei die Relativitätstheorie von Albert Einstein, der die Existenz von Schwarzen Löchern bereits vor über hundert

15 Jahren vermutet hatte, unter den extremsten Gravitationsbedingungen prüfen.

2. Forme zwei deiner unterstrichenen Adverbialsätze in nicht-satzförmige Formulierungen (Satzglieder) um.

_____

_____

_____

_____

_____

3. Die folgenden Satzgefüge sind logisch falsch miteinander verbunden. Streiche die Konjunktion durch und notiere eine passende, sodass eine sinnvolle Aussage entsteht. Bestimme die Art der Nebensätze.

a) Schwarze Löcher entstehen, sodass ausgebrannte Riesensterne unter ihrem eigenen Gewicht zusammenstürzen.

_____

b) Einstein wollte die Existenz von Schwarzen Löchern zunächst widerlegen, obwohl er die Vorstellung schrecklich fand.

_____

c) Wenn die ersten Aufnahmen veröffentlicht wurden, war das eine Sensation.

_____

4. Unterstreiche im zweiten Satz des folgenden Textes die einzelnen Nebensätze mit jeweils einer anderen Farbe. Ergänze dann die fehlenden Kommas.

Von Albert Einstein gibt es viele Anekdoten. Eine davon erzählt dass ein Kollege während eines Vortrags bei dem Einstein versucht hatte seine Theorie zu erläutern Folgendes einwendete: „Nach meinem gesunden Menschenverstand kann es nur das geben, was man sehen und überprüfen kann!" Einstein antwortete ihm und lächelte dabei: „Dann kommen Sie doch bitte mal von dort, wo Sie sitzen, nach vorne und legen Sie Ihren gesunden Menschenverstand hier auf den Tisch."

5. Veranschauliche die Satzstruktur des zweiten Satzes im obigen Text, indem du die untenstehenden Fachbegriffe in die folgende Skizze einträgst. Ein Beispiel ist dir vorgegeben. Du kannst auch die anderen Sätze untersuchen.

_____

_____   _____ :

_____

Infinitivkonstruktion

Objektsatz 1   Hauptsatz   Objektsatz 2   ~~Infinitivkonstruktion~~   Relativsatz

6. Markiere sieben Pro-Formen im Text (S. 85) und zeichne durch Pfeile ein, auf welche Formulierung sie sich beziehen.

7. Erkläre, was der Kollege Einsteins mit „gesundem Menschenverstand" meint und wie Einstein diese Formulierung für sich nutzt. Verwende in deiner Erklärung Satzgefüge.

_____

_____

_____

_____

_____

_____

_____

Die thematische Entfaltung eines Textes verdeutlichen

☆ Unter der **thematischen Entfaltung** versteht man die Art und Weise, wie in einem Text das zentrale Thema entwickelt wird. **Thematische und gedankliche Zusammenhänge** in Texten kannst du durch folgende **sprachliche Mittel** verdeutlichen:
- Haupt- und Nebensätze (**Satzgefüge**), die durch **Gelenkwörter** (Konjunktionen, Subjunktionen, Adverbien, Präpositionen) verknüpft werden
- **Pro-Formen** (Pronomen, Pronominaladverbien)
- **Fragen, Absätze, Satzzeichen** oder **Wortwiederholungen** am Satzanfang
- gezielte Verwendung von Wörtern, die zu einem gemeinsamen **Wortfeld** und/oder zu einer **Wortfamilie** gehören

1. Sieh dir das Bild an und beschreibe es. Notiere, wie das rote Kleid der Flamencotänzerin auf dich wirkt.

_____

_____

_____

_____

_____

_____

_____

_____

_____

_____

_____

2. Lies das Gedicht. Arbeite zwei Gemeinsamkeiten zwischen dem Bild und dem Gedicht „Spanische Tänzerin" von Rainer Maria Rilke heraus.

_____

_____

_____

_____

_____

_____

_____

_____

3. Markiere im Gedicht „Spanische Tänzerin" die Temporaladverbien und erkläre, wie dadurch ein zeitlicher Verlauf deutlich wird.

_____

_____

_____

_____

_____

_____

Rainer Maria Rilke: Spanische Tänzerin (1906)

Wie in der Hand ein Schwefelzündholz, weiß,

eh es zur Flamme kommt, nach allen Seiten

zuckende Zungen streckt –: beginnt im Kreis

naher Beschauer hastig, hell und heiß

5 ihr runder Tanz sich zuckend auszubreiten.

Und plötzlich ist er Flamme, ganz und gar.

Mit einem Blick entzündet sie ihr Haar

und dreht auf einmal mit gewagter Kunst

ihr ganzes Kleid in diese Feuersbrunst,

10 aus welcher sich, wie Schlangen, die erschrecken,

die nackten Arme wach und klappernd strecken.

Und dann: als würde ihr das Feuer knapp,

nimmt sie es ganz zusamm und wirft es ab

sehr herrisch, mit hochmütiger Gebärde

15 und schaut: da liegt es rasend auf der Erde

und flammt noch immer und ergibt sich nicht –.

Doch sieghaft, sicher und mit einem süßen

grüßenden Lächeln hebt sie ihr Gesicht

und stampft es aus mit kleinen Füßen.

4. Markiere im Gedicht „Spanische Tänzerin" alle Wörter grün, die sich auf Tanz und Bewegung beziehen, und alle Wörter rot, die sich dem Bildbereich Feuer bzw. Brennen zuordnen lassen.

5. Beschreibe, wie sich das Verhältnis der grünen und roten Markierungen im Verlauf des Gedichts verändert. Erkläre, inwieweit dies dem Inhalt des Gedichts entspricht.

_____

_____

_____

_____

_____

Die innere Gliederung eines Textes verdeutlichen

 Die Gedankenführung eines Textes und deren Folgerichtigkeit kannst du durch **sprachliche Mittel** innerhalb des Textes verdeutlichen. Dadurch wird für die Leserinnen und Leser eine **innere Gliederung** erkennbar. Mithilfe geeigneter Formulierungen kannst du signalisieren, dass im Text z.B. eine Reihung von Beispielen, ein Gegensatz oder drei aufeinander aufbauende Gedanken folgen.

Hervorhebung	von zentraler Bedeutung ist
Aufzählung	erstens … zweitens … drittens, des Weiteren
Ausdruck einer Vermutung	Meines Erachtens bedeutet dies …
Erklärung	daraus kann man folgern …, dies hängt mit … zusammen
Ausdruck eines Gegensatzes	einerseits … andererseits

Durch die Verwendung **verschiedener Schreibformen** (erzählen, informieren bzw. argumentieren) und durch die Betrachtung unterschiedlicher Facetten eines Themas kannst du zum Weiterlesen anregen und je nach deiner **Schreibabsicht** (unterhalten, informieren und/oder überzeugen) die Leserinnen und Leser durch den Text führen.

Adrian Prechtel: Josephine Baker – die „Schwarze Venus" (2006, Ausschnitt)

Als die schöne junge Frau auf die Bühne des „Théatre des Champs-Élysées" tritt, ist noch keinem klar, dass dies die Geburt eines Superstars ist. Die 19-jährige Tänzerin verbeugt sich etwas ungeschickt, es gibt Gemurmel im Saal. Doch binnen weniger Minuten elektrisiert die noch unbekannte Künstlerin ihr Publikum. So etwas hat man selbst in Paris noch nicht gesehen: eine gewagte
5 Kombination des damaligen Modetanzes Charleston mit einem exotischen Ritualtanz.
Als die schöne junge Frau am Ende der Vorstellung von ihrem Tanzpartner auf die Bühne getragen wird, herrscht einen Augenblick lang Stille, dann gehen Schreie durch das Publikum: „Toll! Prima! …" Das Publikum rast.
So wurde in der Nacht zum 2. Oktober 1925 ein Star geboren: Josephine Baker. Nachdem sie sich
10 mit 16 einer umherziehenden Schauspieltruppe angeschlossen hat, gelangt sie an den New Yorker Broadway und von dort nach Europa. Schon im Herbst 1925 nahm ihre Popularität gigantische Ausmaße an: Bekannte Modehäuser (wie Patou und Poiret) schickten ihr Kleider, die Pariser Damen kleideten und frisierten sich im Stil der Baker und kauften ihren Kindern Josephine-Baker-Puppen und schließlich trat sie auch als Sängerin in Erscheinung und spielte die Hauptrolle
15 in mehreren großen Filmen. Der Bananenrock (ein Bananengürtel mit 16 künstlichen Früchten) wurde zu ihrem Markenzeichen.
Aber das Auftreten der „Schwarzen Venus" löste nicht überall nur Begeisterung und Hingabe aus. Vielerorts wurden ihre Darbietungen in knappen Kostümen nämlich als moralisch verwerflich kritisiert. In München beispielsweise durfte sie nicht auftreten und in Wien wurde extra ein
20 Gottesdienst abgehalten als „Buße für schwere Verstöße gegen die Moral, begangen von Josephine Baker."
Doch was macht diese halbnackte Tänzerin zu einem Vorbild? Dafür lassen sich zwei Gründe anführen. Zum einen galt sie schon in den 1920er-Jahren als Inbegriff der emanzipierten Frau. Sie bestimmte beispielsweise selbst, wann und für wen sie arbeitete, und trat in Vertragsverhandlungen
25 selbstbewusst auf. Zum anderen engagierte sich Baker, die sich zeit ihres Lebens mit Vorurteilen aufgrund ihrer Hautfarbe auseinandersetzen musste, massiv gegen Rassismus und Nationalismus. Im Zweiten Weltkrieg arbeitete sie für das Rote Kreuz und kämpfte für den französischen Widerstand gegen die Nationalsozialisten. Nach dem Krieg gründete sie eine große Familie und adoptierte, auch als Zeichen des Protests gegen Vorurteile, insgesamt 12 Kinder unterschiedlicher
30 Hautfarben und Religionen, ihre „Regenbogenkinder".

1. Arbeite den Aufbau des Textes heraus, indem du das Diagramm ausfüllst. Einige Hilfestellungen sind dir vorgegeben.

Abschnitt 1
(Z. 1–8)

Einstieg:

_____

Abschnitt 2
(Z. 9–16)

_____

Abschnitt 3
(Z. 11–16)

Beispiele für die enorme Popularität			

↕

Abschnitt 3
(Z. 17–21)

↓

Abschnitt 4
(Z. 22–30)

2. Untersuche, mit welchen Mitteln der inneren Gliederung innerhalb der einzelnen Abschnitte ein Textzusammenhang hergestellt wird. Ein Beispiel ist dir vorgegeben.

1. Abschnitt: Mittel der inneren Gliederung

chronologische Darstellung: Als – binnen weniger Minuten – am Ende der Vorstellung

2. Abschnitt: Mittel der inneren Gliederung

3. Abschnitt: Mittel der inneren Gliederung

4. Abschnitt: Mittel der inneren Gliederung

3. Erläutere mithilfe der Tabelle rechts, wie das Thema entfaltet wird. Kläre dabei, welche Grundform des Schreibens in den einzelnen Abschnitten vorherrscht. Überlege, welche Funktion die einzelnen Abschnitte haben. Die Begriffe im Speicher helfen dir dabei.

die Leserinnen und Leser in das Thema „hineinziehen"

persönliche Erfahrungen vermitteln

eine Position mithilfe eines Beispiels stützen

Informationen vermitteln

Gefühle auslösen

zu einer Handlung aufrufen

etwas einräumen

eine Wertung ausdrücken

die Leserinnen und Leser überzeugen

4. Fasse zusammen, welche Absicht der Text verfolgt. Überarbeite mithilfe der „Textlupe".

Abschnitt	Schreibform	Funktion
1		
2		
3		
4		

5. Formuliere, welches Bild der Josephine Baker durch die Mittel der thematischen Entfaltung bei den Leserinnen und Lesern entstehen soll.

Training interaktiv
6zk3bd
SCHÜLERBUCH:
Regeln und Verfahren der
Rechtschreibung anwenden
S. 248–261

Regeln und Verfahren der Rechtschreibung anwenden

Eigennamen und geografische Namen richtig schreiben

Von geografischen Namen **abgeleitete Wörter** mit dem **Suffix -er** (nicht die Flexionsendung!) schreibst du immer groß.

*die Brem**er** Stadtmusikanten, der Nürnberg**er** Christkindlsmarkt*

Die von geografischen Namen abgeleiteten Adjektive mit dem **Suffix -isch** schreibst du klein, wenn sie nicht Bestandteil eines Eigennamens sind.

*bayer**isch**e Dörfer, französ**isch**es Baguette, italien**isch**er Salat*
aber: *der Bayerische Wald, der Atlantische Ozean*

Alle zu einem **mehrteiligen Eigennamen** gehörigen Adjektive, Partizipien, Pronomen und Numerale schreibst du in der Regel groß. Meere, Gebirge und Landschaften auf *-isch* sind zum Beispiel Teil eines Namens und werden deshalb großgeschrieben.

die Vereinigten Staaten von Amerika, das Bayerische Staatsschauspiel, das Kap der Guten Hoffnung

---

○ **1.** Setze jeweils die richtigen Groß- oder Kleinbuchstaben in die Lücken ein und markiere den entsprechenden Buchstaben in den hinteren beiden Spalten. Stimmt deine Lösung, ergibt sich ein Merksatz aus dem Geografieunterricht.

	groß	klein
____chwäbische Alb	N	W
____chwäbische Küche	O	I
____ndischer Tee	R	E
____ndische Ozean	O	D
____riechischer Salat	E	H
____chweizer Berge	N	U
____hinesische Seide	N	E
____amburger Hafen	S	D
____iener Schnitzel	E	W
____ranzösische Revolution	I	E

	groß	klein
____ranzösische Sprache	S	F
____olländischer Gouda	T	E
____olländische Königshaus	E	W
____panischer Wein	N	A
____anarischen Inseln	S	O
____damer Käse	C	S
____ränkische Delikatessen	T	H
____schaffenburger Altstadt	E	U
____ayerische Alpen	N	T

Lösung:

[ ][ ][ ][ ]   [ ][ ][ ][ ]   [ ][ ][ ][ ][ ]

[ ][ ][ ][ ][ ][ ][ ] !

2. Entscheide, ob du die Adjektive in den markierten Wortgruppen groß- oder kleinschreiben musst. Setze den richtigen Anfangsbuchstaben ein.

___(s/S)traßburger Sehenswürdigkeiten

Das ___(e/E)lsässische Straßburg gilt als eine der ___(s/S)chönsten Städte der Welt. Wahrzeichen der Stadt ist das berühmte ___(s/S)traßburger Münster. Insbesondere dessen ca. 140 m hoher Turm, die Hauptfassade sowie die Fensterrose mit 15 m Durchmesser gelten als sehenswert.

Die ___(h/H)istorische Altstadt rund um die ___(s/S)traßburger Kathedrale stellt das Zentrum und

5 das wichtigste Einkaufsviertel der ___(e/E)lsässischen Metropole dar. Das Münsterviertel befindet sich zwischen dem Place Broglie, dem Place Gutenberg und dem Place Kléber.

Der Münsterplatz ist bekannt für die vielen ___(m/M)alerischen Fachwerkhäuser, ein besonderes Prunkstück stellt das reich verzierte Fachwerkhaus „Maison Kammerzell" dar. Das ___(s/S)ehenswerte Gebäude wurde im 15. und 16. Jahrhundert erbaut und ist heute ein bekanntes Speiselokal.

10 Auch zahlreiche EU-Institutionen befinden sich in der ___(f/F)ranzösischen Stadt am Rhein, wie das Europaparlament, der Europarat oder der ___(e/E)uropäische Gerichtshof für Menschenrechte.

Das gesamte ___(s/S)tädtische Zentrum wurde von der UNESCO aufgrund der vielfältigen Architektur zum Weltkulturerbe erklärt.

Bei der ___(a/A)lten Universität erinnert die bekannte Goethe-Skulptur aus dem Jahr 1904 an

15 Goethes Studienaufenthalt in der Stadt. Erschaffen wurde sie von dem ___(d/D)eutschen Bildhauer Ernst Waegener. Nirgendwo findet man Architektur aus dem ___(w/W)ilhelminischen Zeitalter so gut erhalten wie in Straßburg.

3. Ordne die folgenden Wortgruppen mit ihrer richtigen Schreibung in die Tabelle ein. Übertrage dazu die Tabelle in dein Heft.

der g/Große Wagen   das z/Zweite d/Deutsche Fernsehen   das r/Rote Meer

die a/Allgäuer Alpen   der s/Stille Ozean   die k/Karibischen Inseln

der p/Passauer Bürgermeister   die n/Napoleonischen Kriege   die p/Politische Bildung

die m/Münchener Kammerspiele   die d/Deutsche Bank   der n/Nürnberger Lebkuchen

die l/Londoner U-Bahn   die a/Augsburger Puppenkiste   die i/Italienische Pizza

Kleinschreibung	Großschreibung

Namen von **Straßen, Plätzen und Gebäuden** schreibst du **zusammen**, wenn das **Bestimmungswort** ein **eingliedriger Personenname**, ein **Nomen** oder ein **nicht deklinierbares Adjektiv** ist.

Goetheplatz, Bahnhofstraße, Hohlweg

Du schreibst sie **getrennt**, wenn sie ein **deklinierbares Adjektiv**, eine **Präposition** oder eine **Ableitung auf -er** enthalten.

Lange Straße, An der Residenz, Landshuter Allee

Mit **Bindestrich** werden Namen geschrieben, wenn das **Bestimmungswort** ein **mehrgliedriger Personenname** ist.

Geschwister-Scholl-Platz, Carl-Maria-von-Weber-Straße, Karl-Valentin-Museum

4. Lies die folgenden Sätze und markiere die jeweils richtige Schreibung. Orientiere dich an dem Beispiel.

a) Leonie wohnt am (Erich Kästner Platz/ <mark>Erich-Kästner-Platz</mark> /Erich Kästner-Platz/Erich-Kästner Platz).

b) Die (Allgäuer Alpen/Allgäuer-Alpen/Allgäueralpen/allgäuer Alpen) sind eine Gebirgsgruppe östlich des Bodensees.

c) Die (Thomas Mann Allee/Thomas Mann-Allee/Thomas-Mann-Allee) in München liegt direkt an der Isar.

d) Das Café in der (Berliner Straße/Berlinerstraße/Berliner-Straße) ist bei den Jugendlichen sehr beliebt.

e) Der (Genfer See/Genfersee/Genfer-See) ist der zweitgrößte mitteleuropäische See.

f) In der (Heine-Straße/Heinestraße/Heine Straße) hat ein neues Kino eröffnet.

5. Verfasse einen kurzen Artikel für die Schülerzeitung, in dem du anhand von Plätzen, Straßen und anderen Örtlichkeiten eine Stadttour beschreibst. Lasse die Klasse raten, um welche Stadt es sich handelt. Arbeite im Heft.

Abkürzungen und Kurzwörter richtig schreiben

In der **Schriftsprache** verwendete **Abkürzungen** werden als vollständige Wörter gesprochen. Hinter ihnen steht meist ein Punkt, der auch das Satzzeichen am Ende eines Satzes bildet. Abkürzungen von Einheiten werden ohne Punkt geschrieben. Sie bilden keinen Plural.

z. B. aber: *cm, €*

Im **Mündlichen** werden **Kurzwörter** auch als solche gesprochen, daher schreibt man sie meist nur am Anfang groß oder mit Bindestrich: *Auto, Ü-Ei, U-Bahn.* Sie können meist den Plural bilden.

Initialwörter sind eine Sonderform der Kurzwörter, die aus den **Anfangsbuchstaben** eines Begriffs bestehen und hinter denen **kein Punkt** steht. Sie bilden keinen Plural.

BRD für ***B**undes**r**epublik **D**eutschland, *StVO* für ***St**raßen**v**erkehrs**o**rdnung*

1. Schreibe für die folgenden Abkürzungen und Kurzwörter die vollständige Bezeichnung auf. Nutze gegebenenfalls ein Wörterbuch. Die markierten Buchstaben ergeben in der richtigen Reihenfolge ein Lösungswort (ä = ae), das du anschließend erklären solltest.

Tipp: Das Lösungswort passt thematisch zu den Abkürzungen.

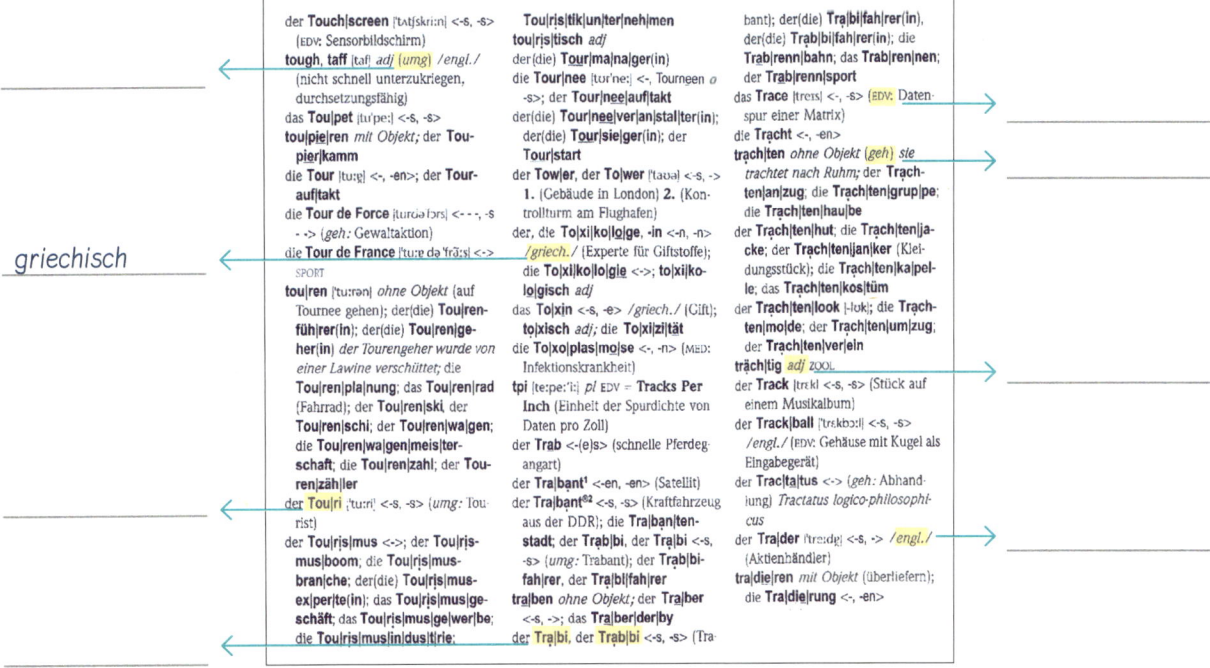

S-Bahn ___ ___ ___ ___ ___ ___ ☐ ___

km ___ ___ ___ ☐ ___ ___

Lok ___ ___ ___ ☐ ___ ___

Uni ☐ ___ ___ ___

RE ___ ___ ☐ ___ ___ ___

bzw. ___ ___ ___ ___ ☐ ___ ___

Lösungswort: ___ ___ ___ ___ ___   Erklärung: _____

2. Schreibe die folgenden häufig im Alltag auftauchenden Abkürzungen vollständig auf. Nutze gegebenenfalls ein Wörterbuch.

u.a.		Bd.		AG	
vgl.		ff.		Jh.	
u.Ä.		m.E.		v.a.	
s.o.		S.		BR	
ggf.		i.V.		evtl.	
u.U.		hl.		g	

3. Erkläre die in einem Wörterbuch verwendeten Abkürzungen und Kurzwörter. Orientiere dich an dem Beispiel.

_____

griechisch _____

_____

_____

_____

_____

der **Touch|screen** [ˈtʌtʃskriːn] <-s, -s> (EDV: Sensorbildschirm)

tough, taff [taf] *adj* (umg) /engl./ (nicht schnell unterzukriegen, durchsetzungsfähig)

das **Tou|pet** [tuˈpeː] <-s, -s>

tou|pie|ren mit Objekt; der **Tou|pier|kamm**

die **Tour** [tuːɐ̯] <-, -en>; der **Tour|auf|takt**

die **Tour de Force** [turdəˈfɔrs] <- -, -s - -> (geh: Gewaltaktion)

die **Tour de France** [ˈtuːɐ̯ də ˈfrɑ̃ːs] <-> SPORT

tou|ren [ˈtuːrən] ohne Objekt (auf Tournee gehen); der(die) **Tou|ren|füh|rer(in)**; der(die) **Tou|ren|ge|her(in)** der Tourengeher wurde von einer Lawine verschüttet; die **Tou|ren|pla|nung**; das **Tou|ren|rad** (Fahrrad); der **Tou|ren|ski**, der **Tou|ren|schi**; der **Tou|ren|wa|gen**; die **Tou|ren|wa|gen|meis|ter|schaft**; die **Tou|ren|zahl**; der **Tou|ren|zäh|ler**

der **Tou|ri** [ˈtuːri] <-s, -s> (umg: Tourist)

der **Tou|ris|mus** <->; der **Tou|ris|mus|boom**; die **Tou|ris|mus|bran|che**; der(die) **Tou|ris|mus|ex|per|te(in)**; das **Tou|ris|mus|ge|schäft**; das **Tou|ris|mus|ge|wer|be**; die **Tou|ris|mus|in|dus|t|rie**;

Tou|ris|tik|un|ter|neh|men

tou|ris|tisch adj

der(die) **Tour|ma|na|ger(in)**

die **Tour|nee** [turˈneː] <-, Tournéen o -s>; der **Tour|nee|auf|takt**

der(die) **Tour|nee|ver|an|stal|ter(in)**; der(die) **Tour|sie|ger(in)**; der **Tour|start**

der **Tow|er**, der **To|wer** [ˈtaʊə] <-s, -> 1. (Gebäude in London) 2. (Kontrollturm am Flughafen)

der, die **To|xi|ko|lo|ge, -in** <-n, -n> /griech./ (Experte für Giftstoffe); die **To|xi|ko|lo|gie** <->; **to|xi|ko|lo|gisch** adj

das **To|xin** <-s, -e> /griech./ (Gift); **to|xisch** adj; die **To|xi|zi|tät**

die **To|xo|plas|mo|se** <-, -n> (MED: Infektionskrankheit)

tpi [teːpeːˈiː] pl EDV = **Tracks Per Inch** (Einheit der Spurdichte von Daten pro Zoll)

der **Trab** <-(e)s> (schnelle Pferdegangart)

der **Tra|bant¹** <-en, -en> (Satellit)

der **Tra|bant®²** <-s, -s> (Kraftfahrzeug aus der DDR); die **Tra|ban|ten|stadt**; der **Tra|bi, der **Tra|bi** <-s, -s> (umg: Trabant); der **Tra|bi|fah|rer**, der **Tra|bl|fah|rer**

tra|ben ohne Objekt; der **Tra|ber** <-s, ->; das **Tra|ber|der|by**

der **Tra|bi, der **Tra|bi** <-s, -s> (Tra-

bant); der(die) **Tra|bi|fah|rer(in)**, der(die) **Trab|bi|fah|rer(in)**; die **Trab|renn|bahn**; das **Trab|ren|nen**; der **Trab|renn|sport**

das **Trace** [treɪs] <-, -s> (EDV: Datenspur einer Matrix)

die **Tracht** <-, -en>

trach|ten ohne Objekt (geh) sie trachtet nach Ruhm; der **Trach|ten|an|zug**; die **Trach|ten|grup|pe**; die **Trach|ten|hau|be**

der **Trach|ten|hut**; die **Trach|ten|ja|cke**; der **Trach|ten|jan|ker** (Kleidungsstück); die **Trach|ten|ka|pel|le**; das **Trach|ten|kos|tüm**

der **Trach|ten|look** [-lʊk]; die **Trach|ten|mo|de**; der **Trach|ten|um|zug**; der **Trach|ten|ver|ein**

träch|tig adj ZOOL

der **Track** [trɛk] <-s, -s> (Stück auf einem Musikalbum)

der **Track|ball** [ˈtrɛkbɔːl] <-s, -s> /engl./ (EDV: Gehäuse mit Kugel als Eingabegerät)

der **Trac|ta|tus** <-> (geh: Abhandlung) Tractatus logico-philosophicus

der **Tra|der** [ˈtreɪdɡ] <-s, -> /engl./ (Aktienhändler)

tra|die|ren mit Objekt (überliefern); die **Tra|die|rung** <-, -en>

4. Sammle Abkürzungen und Kurzwörter, die ihr häufig beim Schreiben von SMS, von Nachrichten in sozialen Netzwerken oder im Chat verwendet. Tauscht in der Klasse eure Ergebnisse aus.

Fremdwörter richtig schreiben und verwenden

 Viele Fremdwörter sind standardisierte Begriffe aus Fachsprachen, die **Fachbegriffe** genannt werden. Sie werden überregional, meist sogar international, verwendet. Häufig stammen sie aus der Sprache, in der sie das erste Mal verwendet wurden.

Technologie: *Software, Laptop, SmartTV,* …

Medizin: *Abszess, Infusion, Pädiatrie,* …

Ihre Schreibung musst du dir einprägen. Dabei hilft dir die Kenntnis von **Prä-** und **Suffixen** (Vor- und Nachsilben) der Wortbildung und besonderer Lautschreibungen der Sprachen, aus denen die Fremdwörter stammen. Zur Sicherheit kannst du im Wörterbuch nachschlagen.

1. In den folgenden Fremdwörtern zum Thema „Urlaub" sind die Buchstaben durcheinander geraten. Bringe sie wieder in die richtige Reihenfolge. Der erste Buchstabe ist jeweils vorgegeben.

uouissmrT _____   eiutS _____

raitssslFC _____   aignpmC _____

eessllnW _____   aeemnrppttA _____

2. Entscheide, welche Schreibung die richtige ist. Finde anschließend ein deutsches Wort für das jeweilige Fremdwort. Tipp: Es kann auch mehr als eine Schreibung richtig sein.

A Portmonee – Portemonee – Portemonnaie – Portmonaie _____

B Fotografie – Photografie – Photographie – Fotographie _____

C Contener – Konteener – Container – Kontainer _____

D Housekeaping – Hauskieping – Housekeeping – Houseceaping _____

3. Verfasse einen Text, in dem du möglichst viele Fremdwörter aus den Aufgaben 1 und 2 richtig verwendest. Präge dir ihre Schreibung ein. Arbeite im Heft.

4. Ergänze in der Tabelle Fremdwörter, die du den vorgegebenen Wortarten zuordnen kannst. Unterstreiche typische Prä- oder Suffixe.

Verb	Adjektiv	Nomen
strukturieren		
	revolutionär	
		Operation
realisieren		
		Information
parodieren		

Bastian Sick: Über das Intrigieren fremder Wörter (2006, Ausschnitt)

„Konkurenz ist für uns ein Fremdwort", steht im Schaufenster eines Berliner Textilgeschäfts zu lesen, und man glaubt es dem Besitzer sofort, wenn man berücksichtigt, wie er das Wort „Konkurrenz" geschrieben hat. Weniger glaubhaft ist die Anzeige eines Regalherstellers, in der behauptet wird: „Ästhetik trifft Inteligenz".

5 Fremdwörter stellen uns immer wieder vor besondere Herausforderungen. Man kann sie verkehrt buchstabieren, ihre Bedeutung missinterpretieren, sie falsch aussprechen (viele Menschen brechen sich regelmäßig bei dem Wort „Authentizität" die Zunge, sodass oft nur „Authenzität" herauskommt) – und vor allem kann man sie leicht verwechseln. Während der Fußball-WM hörte und las man häufig das Wort „Stadium", wenn „Stadion" gemeint war. Einmal stolperte ich auch

10 über das Wort „Erfolgscouch". Das war allerdings nicht in einem Ikea-Katalog, sondern in einem Bericht über den erfolgreichen Coach der Schweizer Nationalmannschaft.

Meine Freundin Sibylle ist im Verwechseln von Fremdwörtern eine wahre Virtuosin. Sie würde vermutlich sagen: eine Virtologin. Wo ich „euphemistisch" sage, sagt sie „euphorisch". Wo ich konzentrische Kreise sehe, sieht sie „konzentrierte Kreise". Und wenn ich Sibylle von einem

15 „Astralkörper" schwärmen höre, weiß ich, dass ich an einen Alabasterkörper denken muss. Immer wieder bringen sie die verflixten Fremdwörter „in die Patrouille". Von ihrem Onkel, der wie ein Eremit in seinem Häuschen in der Toskana lebt, behauptet sie hartnäckig, er lebe wie ein Emerit. Und über sich selbst sagt sie, dass sie hin und wieder etwas „implosiv" reagiere. Schon als Kind sei sie „ziemlich resistent" gewesen. Ich weiß nicht, wie Sibylle als Kind war, aber ich vermute,

20 sie meint „renitent". Da fällt mir Jörg Pilawa ein, der in einer NDR-Talkshow die Sängerin Gitte Haenning fragte: „War das nicht eine Zensur in deinem Leben?"

Auch meine Nachbarin Frau Jackmann streut gern mal das eine oder andere exotische Wort in ihre Rede ein. Nach dem Einzug eines neuen Mieters war sie stundenlang damit beschäftigt, die Fußabdrücke im Treppenhaus zu beseitigen, die er mit seiner „Dispositionsfarbe" gemacht habe.

25 Und überall flogen diese „Stereopur-Flocken" herum! Ihrem geplagten Rücken zuliebe geht sie einmal pro Woche zum Masseur, der sie

30 mit „esoterischen Ölen" einreibt. Außerdem nimmt sie jetzt regelmäßig Kalziumtabletten ein, das sei gut gegen „Osterpörose". [...]

⬤ **5.** 📖 Unterstreiche zunächst die Fremdwörter, erschließe ihre Bedeutung aus dem Kontext und notiere die fehlenden richtigen Wörter. Erkläre, worin der Witz des Textes von Bastian Sick liegt. Arbeite im Heft.

6. Unterstreiche im folgenden Zitat alle Fremdwörter und kläre ihre Bedeutung. Gib anschließend das Zitat mit eigenen Worten wieder. Arbeite gegebenenfalls mit dem Wörterbuch.

Um der Frage nach der Entstehung und Veränderung von Klima nachzugehen, müssen die Grundzüge des Klimasystems verstanden werden. Dabei ist das Klimasystem ein hoch komplexes System, bestehend aus den Subsystemen Atmosphäre, Hydrosphäre […], Kryosphäre […], Biosphäre […] Pedosphäre […] und Lithosphäre […]. Das Klima entwickelt sich mit der Zeit unter dem Einfluss
5 seiner eigenen internen Dynamik und aufgrund von Änderungen äußerer Faktoren, die das Klima beeinflussen (z. B. Vulkanausbrüche, die Sonneneinstrahlung und vom Menschen verursachte Änderungen).

Fehlerschwerpunkte erkennen und eigene Texte korrigieren

Checkliste

Fehler erkennen und korrigieren

✔ Lies den Text aufmerksam Wort für Wort.
✔ Überprüfe die sprachlichen Bereiche (Rechtschreibung, Ausdruck, Grammatik, Zeichensetzung) in eigenen Lesedurchläufen.
✔ Wende die bekannten Regeln zur Grammatik und zur Zeichensetzung sowie die Rechtschreibstrategien an.
✔ Nutze gegebenenfalls ein Wörterbuch.
✔ Lege eine Kartei mit Fehlern an, die du in Übungsaufsätzen und Schulaufgaben öfter gemacht hast. Ordne die Fehler nach Schwerpunkten, z. B. Groß- und Kleinschreibung, Zusammen- und Getrenntschreibung, … Daraus kannst du dein individuelles Fehlerprofil erstellen.
✔ Verwende Regeln und Strategien, die dir helfen, häufige Fehler zu vermeiden.

1. Lies die Postkarte, die Messenger-Nachricht und die E-Mail. Suche alle Rechtschreibfehler und markiere sie.

Liebe Klasse 8d,
ich sende euch viehle Grüsse aus meiner neuen Heimat Dresden.
Die Schule ist so weit in ordnung hier und wir haben uns insgesammt gut eingelebt. Heute war ich mit Freunden im Kultuhrpalast. Wir haben ein Komedie-Programm gesehen, dass war toll! Wie geht es bei euch so? Vermiest ihr mich?
Biss hofentlich bald
Eurer Hanno

11 Fehler

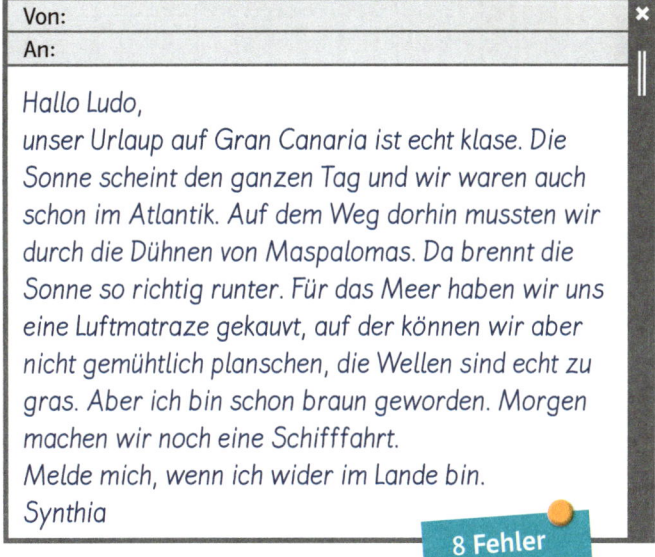

Von:
An:

Hallo Ludo,
unser Urlaup auf Gran Canaria ist echt klase. Die
Sonne scheint den ganzen Tag und wir waren auch
schon im Atlantik. Auf dem Weg dorhin mussten wir
durch die Dühnen von Maspalomas. Da brennt die
Sonne so richtig runter. Für das Meer haben wir uns
eine Luftmatraze gekauvt, auf der können wir aber
nicht gemühtlich planschen, die Wellen sind echt zu
gras. Aber ich bin schon braun geworden. Morgen
machen wir noch eine Schifffahrt.
Melde mich, wenn ich wider im Lande bin.
Synthia

8 Fehler

Hi Shila,
Alles liebe aus Kairo. Wir haben hier
super Wetter und das Mittelmehr ist
großartig. Die Strende sind traumhafft.
Morgen wollen wir zum schnorcheln.
Auch heute sind wir bereits getaucht und
haben große und kleine Fische Haut nah
erlebt. Der Tauschlehrer war total süss. ☺
Doch er hat leider einen Freund wie
ich heute abend an der bar feststellen
musste. Auf bald! Deine Pranavi.

12 Fehler

🔴 **2.** Korrigiere die Fehler, die Hanno, Synthia und Pranavi gemacht haben. Bestimme jeweils die Fehlerart und
trage die verbesserte Schreibung in die Tabelle ein.

Fehlerschwerpunkte	Korrigierte Schreibung
Groß- und Kleinschreibung	
Vokallänge und -kürze	
gleich und ähnlich klingende Laute z.B. *f-v-ph-pf, b-p/d-t/g-k, ä-e*	
s-Laute	
das/dass	
Getrennt- und Zusammenschreibung	
Sonstige	

🔴 **3.** 📑 Schreibe jeweils eine Nachricht an Hanno, Synthia und Pranavi, in der du ihnen erklärst, wo ihre
Fehler jeweils liegen, und gib ihnen Tipps, wie sie diese künftig vermeiden können. Arbeite im Heft.

Kannst du das? – Textverständnis

Sachtext

1. Lies den Text und bearbeite auf seiner Grundlage die folgenden Aufgaben.

Frank-Thomas Wenzel: Deshalb sind Energydrinks so profitabel – und gefährlich (2016)

1 Mit dem Mountainbike halsbrecherisch einen Hang runterheizen. Mit dem Skateboard spektakuläre Sprünge vollführen. Für viele Jugendliche ist es das Größte. Gefährlich und abenteuerlich soll es sein. Zu diesem Lebensgefühl gibt es passende Energydrinks, die immer größere Marktanteile erobern. Nach Ansicht von Wissenschaftlern können die süßen Zaubertränke für die jungen
5 Leute aber ziemlich gefährlich werden. Der Ruf nach Verkaufsbeschränkungen wird immer lauter.

2 In jedem gut sortierten Getränkemarkt kann der Kunde zwischen gut einem Dutzend Produkten wählen, die vor allem eins auszeichnet: einen hohen Koffeingehalt. Sowohl die Marktanteile als auch die verkauften Mengen der Energydrinks steigen stetig – 2014 waren es 290 Millionen Liter. Nach den Zahlen der Gesellschaft für Konsumforschung sind die Umsätze im vorigen Jahr weiter
10 geklettert, und zwar um 4,3 Prozent. Energydrinks zählen damit zu der Gruppe der Getränke mit den höchsten Steigerungsraten – und dieser Trend hält schon einige Jahre an. […] Der Grund für das Wachstum: Die Wachmacher in Dosen sind für die Hersteller höchst interessant, da sie den Gewinnen Flügel verleihen. Die Renditen (Gewinn im Verhältnis zum Umsatz) liegen nach Schätzungen von Experten im Vergleich zu anderen Getränkekategorien extrem hoch: bei 15 bis
15 20 Prozent. Möglich ist das, weil die Zutaten – Wasser, Zucker, Aromastoffe, Koffein – billig sind und die Dosen teuer verkauft werden. Der Preis für 250 Milliliter eines beliebten Energydrinks ist mehr als doppelt so hoch wie für genauso viel Cola.

3 Wie das am Markt durchsetzbar ist? Mit einer riesigen Werbe- und Vermarktungsmaschinerie. Ein österreichischer Konzern beispielsweise gibt ein Drittel seines Umsatzes für Marketing aus. Das
20 Unternehmen wirbt mit Mountainbikern und Snowboardern, Rennfahrern und Skateboardern – alles, was schnell, dynamisch und gefährlich ist. Das gilt in Varianten auch für die Wettbewerber. Die Hersteller haben damit die süßen Koffeinmischungen als Zaubertrank positioniert, der vor allem männliche Jugendliche anspricht, die offenbar glauben, durch Energydrinks männlicher zu werden – dies legt zumindest eine
25 kürzlich veröffentlichte Studie der University of Akron und der Texas Tech University nahe. Verwerflich oder gar verboten ist all dies nicht. Die WAFG macht denn auch darauf
30 aufmerksam, dass es sich um „sichere Lebensmittel" handele, die allen rechtlichen Vorgaben der EU entsprechen, und dass der Koffeingehalt von 250 Milliliter etwa einer Tasse
35 Filterkaffee entspreche. Gleichwohl ist auf einigen Dosen zu lesen: „Für Kinder und Schwangere oder stillende Frauen nicht empfohlen."

4 Mehrere Studien haben die gesundheitsschädlichen Wirkungen nachgewiesen, wie kürzlich erst die renommierte Mayo-Klinik in den USA: Eine große Dose (480 Milliliter) schnell getrunken steigert den Blutfluss erheblich und lässt den Adrenalinspiegel kurzfristig kräftig steigen. Das erhöhe das Risiko für Herz-Kreislauf-Erkrankungen. Die Verbraucherorganisation Foodwatch spricht davon, dass Energydrinks mit Herzrhythmusstörungen, Krampfanfällen und Nierenversagen in Verbindung gebracht werden – insbesondere wenn sie von jungen Menschen in großen Mengen konsumiert werden, wobei just bei körperlicher Anstrengung, sprich Sport, die Risiken noch einmal deutlich steigen sollen. Die Gesellschaft der Europäischen Kinderkardiologen berichtete schon im vorigen Jahr von einer steigenden Zahl von Patienten, die nach dem übermäßigen Konsum von Energydrinks ins Krankenhaus eingeliefert werden.

5 Einer Studie der Europäischen Behörde für Lebensmittelsicherheit (EFSA) zufolge gehören zwei Drittel aller Jugendlichen zwischen elf und 17 Jahren zu den gewohnheitsmäßigen Energydrink-Trinkern. Ein Viertel davon leert in der Regel in einer Session den Inhalt von drei oder mehr Dosen. Damit wird die von der EFSA empfohlene maximale Einzeldosis von 200 Milligramm Koffein überschritten. Auch die Weltgesundheitsorganisation (WHO) warnt vor Gesundheitsgefahren und dem „aggressiven Marketing", das sich insbesondere an männliche Jugendliche richte. Behörden müssten mit Beschränkungen eine verantwortungsvolle Vermarktung der Energydrinks durchsetzen und dafür sorgen, dass über die Risiken aufgeklärt werde.

6 Lettland hat nach Litauen als zweites EU-Land nun Konsequenzen gezogen und den Verkauf von Energydrinks an Minderjährige untersagt. Doch die Bundesregierung will davon nichts wissen. Stattdessen soll eine mit rund 100.000 Euro Steuergeld finanzierte Aufklärungskampagne die Jugendlichen davon überzeugen, auf den Konsum von Energydrinks zu verzichten. Dem Verbraucherzentrale Bundesverband, den Kinderkardiologen und unter anderem Foodwatch ist das nicht genug. „Der Bundesernährungsminister ist auf dem Holzweg, wenn er allein auf Aufklärung setzt", sagt etwa Oliver Huizinga von Foodwatch. An einer verbindlichen Altersgrenze komme er nicht vorbei, wenn er Kinder und Jugendliche vor den Risiken der Energydrinks schützen wolle.

WAFG: Wirtschaftsvereinigung alkoholfreie Getränke
Kardiologie: Teilgebiet der Inneren Medizin, die sich mit Herz-Kreislauf-Erkrankungen beschäftigt

2. Kreuze an, welche Überschrift jeweils den Kerngedanken eines Abschnittes am genauesten erfasst.

Abschnitt 2 (Z. 6–17):

☐ Auswahl in gut sortierten Getränkemärkten

☐ Hohe Renditen für die Hersteller

☐ Billige Zutaten

☐ Steigende Umsatzzahlen

(Zwei Antworten sind richtig.)

Abschnitt 3 (Z. 18–38):

☐ Werbung mit Sportlern

☐ Süße Koffeinmischungen für Jungen

☐ Dynamisches Image lenkt von Gesundheitsrisiken ab

☐ Groß angelegte Vermarktungskonzepte

(Zwei Antworten sind richtig.)

Abschnitt 4 (Z. 39–54):

☐ gesundheitliche Risiken

☐ steigende Zahl von Patienten im Krankenhaus

☐ Steigerung des Blutflusses

☐ Ansteigen des Adrenalinspiegels

(Eine Antwort ist richtig.)

Abschnitt 5 (Z. 55–62):

☐ Überschreitung der empfohlenen Koffeinmenge

☐ Überschreitung der empfohlenen Zuckermenge

☐ Gewohnheitsmäßige Energydrink-Trinker

☐ Marketing für männliche Jugendliche

☐ Schutz jugendlicher Konsumenten

☐ Verantwortungsvolles Marketing für Energydrinks

(Zwei Antworten sind richtig.)

3. In welchen Abschnitten des Textes findet man Informationen zu den folgenden Fragen? Kreuze die passenden Abschnitte an. Insgesamt musst du fünf Kreuze setzen.

Wo wird über die gesundheitlichen Risiken von Energydrinks informiert?

☐ Abschnitt 2 ☐ Abschnitt 3 ☐ Abschnitt 4 ☐ Abschnitt 5 ☐ Abschnitt 6

Wo wird die Abenteuerlust von Jugendlichen angesprochen?

☐ Abschnitt 1 ☐ Abschnitt 2 ☐ Abschnitt 3 ☐ Abschnitt 4 ☐ Abschnitt 5

4. Kreuze an, welche Funktion die angeführten Gestaltungsmittel im entsprechenden Text haben.

Z. 1/2 (Abschnitt 1): „Mit dem Mountainbike halsbrecherisch […] runterheizen. Mit dem Skateboard spektakuläre Sprünge vollführen."

☐ Diese Formulierung lässt erkennen, dass sich der Text in erster Linie an Leserinnen und Leser mit sportlichen Interessen richtet.

☐ Der Parallelismus verstärkt die bildliche Vorstellung bei den Leserinnen und Lesern.

☐ Der Einstieg weckt bei den Leserinnen und Lesern die Neugier, wie die Bilder aus dem Bereich des Sports mit dem Thema der Überschrift zusammenhängen.

☐ Die Metapher verdeutlicht die Geschwindigkeit, mit der Jugendliche oft Energydrinks konsumieren.

(Zwei Antworten sind richtig.)

Z. 7 (Abschnitt 2): Der Doppelpunkt in Z. 7

☐ hebt die zentrale Aussage des Abschnitts hervor.

☐ kündigt einen inhaltlich überraschenden Teilaspekt an.

☐ gibt den Leserinnen und Lesern einen Hinweis auf eine Pause zur richtigen Betonung beim Vorlesen.

☐ soll den Leserinnen und Lesern die Möglichkeit geben, über das gerade Gelesene nach-zudenken.

(Zwei Antworten sind richtig.)

Z. 30/31 (Abschnitt 3): Die Anführungszeichen bei der Aussage „sichere Lebensmittel"

☐ sind Anzeichen für eine ironische Darstellung. Denn eigentlich empfinden die Experten der WAFG diese als nicht sicher.

☐ verdeutlichen, dass es sich hierbei um ein wörtliches Zitat handelt.

☐ stellen eine Verknüpfung zwischen diesem Zitat und dem von Foodwatch im letzten Absatz her.

(Eine Antwort ist richtig.)

Z. 18 (Abschnitt 3): *„Wie das am Markt durchsetzbar ist?"* Diese Frage

☐ soll Neugier bei den Leserinnen und Lesern wecken.

☐ verdeutlicht die unsichere Informationslage in diesem Bereich.

☐ ist eine rhetorische Frage, die vom Autor anschließend gleich selbst geklärt wird.

☐ regt die Leserinnen und Leser dazu an, selbst zum Thema zu recherchieren.

(Zwei Antworten sind richtig.)

Diagramm

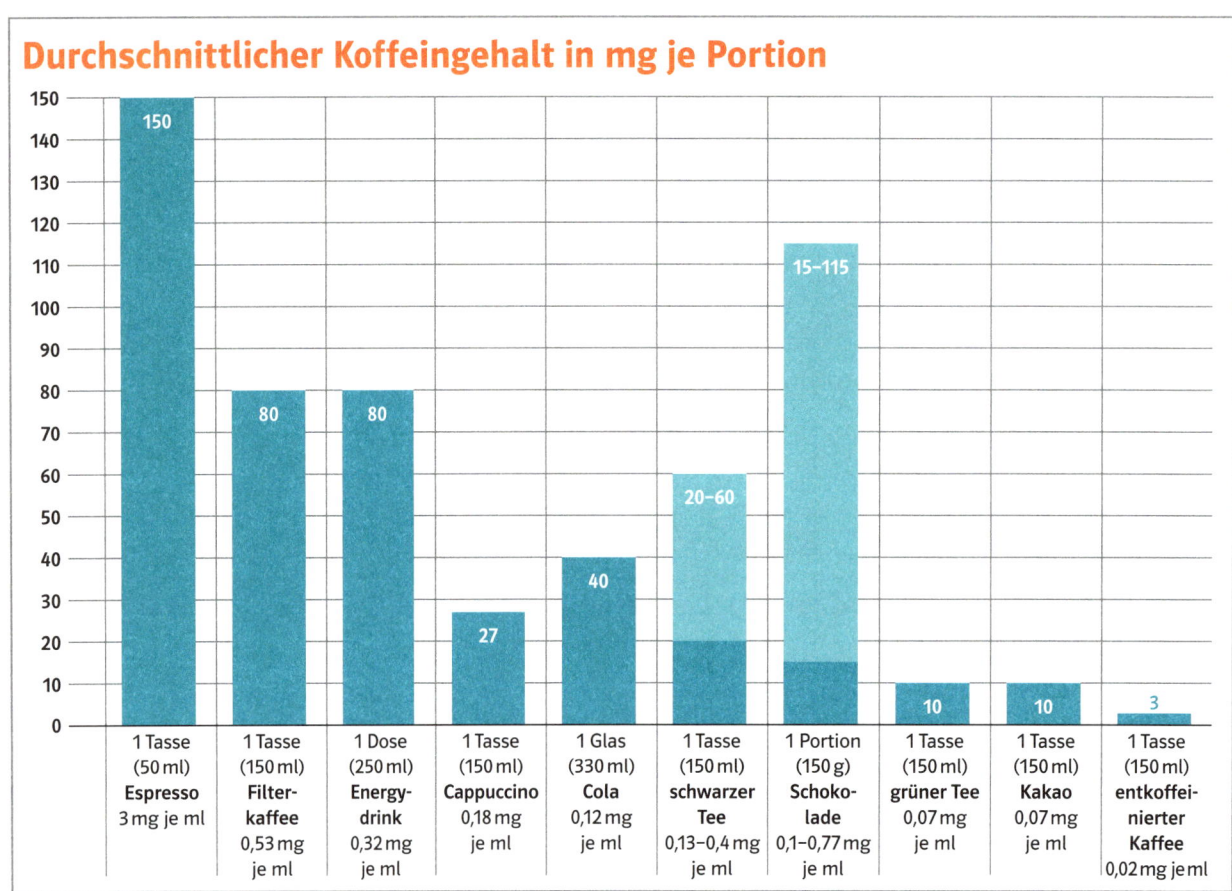

Durchschnittlicher Koffeingehalt in mg je Portion

🌐 **1.** Überprüfe die folgenden Aussagen anhand des angeführten Diagramms und setze jeweils das zutreffende Kreuz.

	richtig	falsch	nicht im Diagramm enthalten
Eine Portion Energydrink enthält nur ein bisschen weniger Koffein als zwei Portionen schwarzer Tee.			
Kakao-Getränke werden in dem Diagramm vor Schokolade wegen ihres höheren Kakaoanteils angeführt.			
Der Koffeingehalt einer Dose Energydrink ist niedriger als bei der doppelten Menge an Cola.			
Mehr als 10 % der Jugendlichen konsumieren eine für sie gesundheitlich gefährliche Menge an Energydrinks.			
Vollmilchschokolade enthält weniger Koffein, dafür aber mehr Fett als Zartbitterschokolade.			
Das koffeinhaltigste Getränk ist Espresso.			
Eine ganze Tafel Zartbitterschokolade enthält mehr Koffein als eine Tasse schwarzer Tee.			

Kannst du das? – Ausdrucksvermögen

1. Finde im folgenden Text fünf Ausdrucksfehler. Unterstreiche sie und verbessere sie auf der Zeile darunter durch eine passende Formulierung.

Energydrinks haben eine massiv aufputschende Wirkung, da in ihnen Koffein und

_____

meist noch verwandte Stoffe in großen Konzentrationen enthalten sind. Trotzdem auf

_____

den Getränkedosen Warnungen aufgedruckt sind, trinken viele Jugendliche öfters

_____

mehrere Dosen an einem Nachmittag. Zum Schutz gegen die Risiken der Energy-

_____

drinks sollte dazu ein EU-weites Verbot des Kaufs an Jugendliche erlassen werden.

_____

2. Finde einen möglichst genauen Oberbegriff und schreibe ihn jeweils in die erste Zeile.

A _____

Gramm
Liter
Kilo

D _____

essen
trinken
verzehren

B _____

dünsten
kochen
braten

E _____

Messer
Tortenheber
Löffel

C _____

Tasse
Glas
Krug

F _____

Tischdecke
Servietten
Kerzenhalter

3. Finde eigene Wortgruppen mit Oberbegriffen.

_____

_____

4. Ergänze in den folgenden Sätzen das Verb, sodass jeweils ein sinnvoller Satz entsteht. Verwende keine umgangssprachlichen Ausdrücke.

Um ein Referat über die Nebenwirkungen von koffeinhaltigen Getränken optimal

_____ , solltest du zunächst im Internet oder in einer Bibliothek

zum Thema Informationen _____ . Anschließend musst du

die Aussagen verschiedener Quellen miteinander _____ und

die wichtigen _____ . Danach _____ du

eine Gliederung bzw. ein Konzept, um _____ , in welcher Reihenfolge

du bei deinem Vortrag am besten _____ .

5. Ersetze die im Text unterstrichenen Fremdwörter jeweils durch einen bedeutungsgleichen deutschen Ausdruck in der Zeile darunter.

Die spektakulären Sprünge der Mountainbiker aus der Werbung lassen wohl

_____

die wenigsten Konsumenten spekulieren, woraus genau ein Energydrink besteht.

_____

Würde man die Drinks ohne die sportliche Komponente bewerben, wäre bei vielen

_____

die Faszination wohl bei weitem nicht mehr so immens.

_____

6. Füge im folgenden Text jeweils das Synonym (Wort mit gleicher Bedeutung) ein.

Eine schnell getrunkene Dose steigert _____ den Blutfluss

erheblich _____ und lässt den Adrenalinspiegel kurzfristig

kräftig _____ ansteigen. Dies führt insbesondere bei jungen

Menschen zu gesundheitlichen Problemen _____ , wobei diese

just _____ in Verbindung mit dem Ausüben von sportlichen

Aktivitäten _____ noch einmal verstärkt auftreten können.

7. Finde weitere Wörter mit Synonymen aus den Bereichen Sport und Fitness und schreibe sie auf.

_____

_____

_____

8. Ordne jedem Wort der linken Spalte ein Wort der rechten Spalte so zu, dass Antonyme entstehen (Wörter mit gegenteiliger Bedeutung). Bilde dann zu jedem Wortpaar einen Beispielsatz. Zum Beispiel:

Im theoretischen Teil meines Praktikums bekam ich Informationen, die für die praktische Arbeit wichtig waren.

theoretisch	nah
nervös	ungefährlich
großzügig	erholsam
verärgert	praktisch
riskant	geizig
langweilig	einfach
anstrengend	spannend
fern	erfreut
kompliziert	ruhig

_____

_____

_____

_____

_____

_____

_____

_____

9. Kreuze die richtige Bedeutung der folgenden Redewendungen an.

a) Er/Sie versucht, aus dem Kaffeesatz zu lesen. Das bedeutet,

☐ dass es für bestimmte Aktivitäten schon zu dunkel ist.

☐ dass man eigentlich orientierungslos ist.

☐ dass man als Wahrsager auf Jahrmärkten auftritt.

☐ dass jemand etwas heimlich macht.

b) Das ist doch kalter Kaffee. Das bedeutet,

☐ dass man jemandem seine hoffnungslose Lage klarmachen möchte.

☐ dass das Restaurant aufgrund seiner lauwarmen Speisen nicht zu empfehlen ist.

☐ dass Informationen schon alt und nicht mehr aktuell sind.

☐ jemanden zu vergessen.

c) Stille Wasser sind tief. Das bedeutet,

☐ stille und zurückhaltende Menschen haben oft Geheimnisse.

☐ dass das Menschen sind, die ständig um ihre eigenen Probleme kreisen.

☐ dass man alle Umstände im Auge behalten muss.

☐ dass manche Menschen ihre Meinung je nach Bedarf ändern.

⭐ Kannst du das? – Formale Sprachbeherrschung

 1. Der folgende Text enthält sieben Grammatikfehler. Unterstreiche diese und verbessere sie in der Zeile daneben.

Verbesserung:

Die Hersteller von Energydrinks platzieren
Werbeplakate und Werbefilme, mit derer Hilfe
sie Jugendlichen und junge Erwachsene zum
Kauf der Getränke animieren wollen. Beim
Betrachten diesen ist der hohe Gehalt an Koffein
bei solch einen Getränk vielen Käufern gar
nicht bewusst. Sie gehen davon aus, dass es
sich um sichere Lebensmittel handle, dessen
Hersteller alle für die Konsumenten notwendige
Informationen auf den Verpackungen gut
sichtbar drucken.

_____
_____
_____
_____
_____
_____
_____
_____
_____
_____
_____

 2. Wandle die vorgegebenen Sätze vom Aktiv ins Passiv oder vom Passiv ins Aktiv um. Achte darauf, dass du nichts weglässt und das Tempus nicht änderst.

a) Die Ernährungswissenschaftlerin wurde von der Zeitungsredaktion um ein Interview gebeten.

_____

_____

b) Während des Gesprächs ist vom Reporter nach einem guten Ratschlag für den Umgang
   mit solchen Getränken gefragt worden.

_____

_____

c) Immer wieder betont die Medizinerin die Gefahren von zu hohen Koffeinkonzentrationen.

_____

_____

d) Hersteller drucken alle notwendigen Informationen auf die Verpackungen.

_____

_____

3. Bestimme in den folgenden Sätzen die unterstrichenen Satzglieder oder Nebensätze.
Verwende die lateinischen Fachbegriffe.

a) Der Konsument von Energydrinks erfährt, <u>dass einige Komponenten in seinem Getränk in größeren Konzentrationen gesundheitsschädlich sind</u>.

Nebensatzart: _____

b) Die Aufdrucke auf den Dosen geben Auskunft <u>über die Inhaltsstoffe</u>.

Satzglied: _____

c) Von den Mountainbikern und Snowboardern werden oft <u>gar keine Energydrinks</u> getrunken.

Satzglied: _____

d) <u>An der Piste</u> sollten laut Ernährungswissenschaftlern keine Energydrinks verkauft werden.

Satzglied: _____

e) Die Kampagne des Bundesernährungsministeriums wird finanziert, <u>damit die Jugendlichen umfassend über Energydrinks aufgeklärt werden</u>.

Nebensatzart: _____

f) <u>Obwohl bekannt ist</u>, <u>dass Energydrinks ungesund sind</u>, sind sie sehr beliebt.

Nebensatzart: _____

4. Bestimme im folgenden Text die jeweilige Wortart der unterstrichenen Wörter möglichst genau und schreibe sie in die Zeile darunter.

<u>Zu</u> <u>diesem</u> Lebensgefühl gibt es <u>passende</u> Energydrinks, die <u>immer</u> mehr

_____

Marktanteile erobern. <u>Aber</u> die <u>zuckerhaltigen</u> Getränke können unter

_____

bestimmten <u>Umständen</u> <u>fatalerweise</u> ziemlich gefährlich werden.

_____

1. Welche Schreibweise ist jeweils richtig? Unterstreiche diese.

a) Für ein Referat über Energydrinks musst du noch Informationen rescherschieren / rescherchieren / recherchieren / recherschieren.

b) Du solltest bei deiner Presentation / Präsentation / Pässentation / Presenntation ganz gelassen auftreten.

c) Die Klasse gibt dir dann zum Vortrag ein Fiedback / Feedbak / feedbäck / Feedback.

d) Dieses kann dir deine Stärken und Schwächen beim referrieren / Referrieren / Referieren / referiren aufzeigen.

e) Nach einem langen Flug leidest du unter Dschetleg / Jetlag / Jetlaig / Jetleg.

2. Im folgenden Text finden sich zehn Rechtschreibfehler. Unterstreiche sie und schreibe die Wörter in korrekter Form auf die Zeile daneben.

Verbesserung:

Eine Dose mit 250 Mililiter Inhalt enthelt um
die 80 Milligramm Koffein und 27,5 Gramm
Zucker. Das sind umgerächnet neun Stück
Würfelzukker. Biss das Koffein im Blut
angekommen ist, dauert es rund zehn Minuten.
Dann steigen Blutdruck und Puls an, man
fühlt sich wach und konzentazionsfähig.
Im Gehirn wird das Belonungszentrum durch
das konsumieren des Koffeins acktiviert.
Doch schon nach ungefär einer Stunde ist
der wache Glückszustand vorbei.

_____
_____
_____
_____
_____
_____
_____
_____
_____
_____

3. Setze im folgenden Text die sieben fehlenden Kommas.

Wie man bei vielen Werbekampagnen wohl schon selbst bemerkt hat sollen Sportler ein gesundes vitales Lebensgefühl vermitteln denn sie bewegen sich viel und sind dabei oft zumindest bei den dynamischen Sportarten unter freiem Himmel unterwegs. Allerdings kann man sich schon fragen was dieses Lebensgefühl mit Zucker Koffein und Co. zu tun hat.

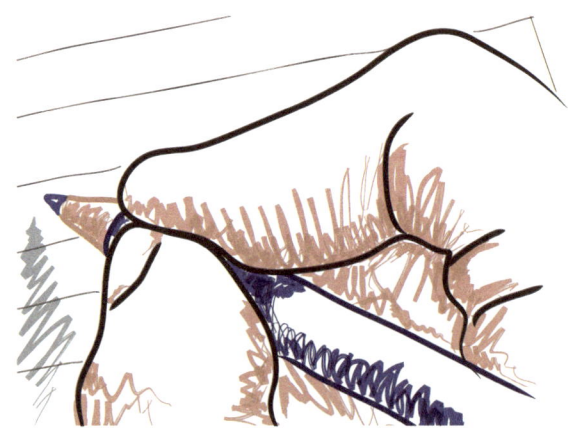

Kannst du das? – Lernspiegel

Der Lernspiegel hilft dir einzuschätzen, welche Kompetenzen du schon sicher beherrschst und welche Themen du noch einmal wiederholen solltest. Unter „Einschätzung" kreuzt du an, was du gut, nicht so gut oder noch gar nicht kannst. Zur Wiederholung kannst du dann den Verweisen in der letzten Spalte folgen.

Kannst du das? – Textverständnis (Test S. 100–104)

AH	Ich kann ...	Einschätzung	Wiederholung
S. 4 ff.	... einen Sachtext verstehen.	😊 😐 ☹	Schülerbuch S. 10 ff.
S. 88 ff.	... die Strukturierung eines Textes mittels bestimmter sprachlicher Mittel verstehen.	😊 😐 ☹	Schülerbuch S. 232 ff.
S. 6, 104	... ein Diagramm auswerten.	😊 😐 ☹	Schülerbuch S. 274

Kannst du das? – Ausdrucksvermögen (Test S. 105–107)

AH	Ich kann ...	Einschätzung	Wiederholung
S. 19, 71, 106 f.	... Synonyme und Antonyme finden.	😊 😐 ☹	hintere Umschlagseite
S. 96 ff., 106	... Fremdwörter richtig verstehen.	😊 😐 ☹	Schülerbuch S. 256 f.
S. 105	... passende Oberbegriffe finden und verwenden.	😊 😐 ☹	hintere Umschlagseite
S. 107	... feste Redewendungen verstehen.	😊 😐 ☹	hintere Umschlagseite

Kannst du das? – Formale Sprachbeherrschung (Test S. 108–109)

AH	Ich kann ...	Einschätzung	Wiederholung
S. 108	... Grammatikfehler in einem Text finden und verbessern.	😊 😐 ☹	Schülerbuch S. 311 ff.
S. 84 f.	... Satzglieder und Nebensatzarten richtig bestimmen.	😊 😐 ☹	Schülerbuch S. 318 ff.
S. 78 ff., 108	... Aktiv- und Passivformen korrekt verwenden.	😊 😐 ☹	Schülerbuch S. 315
S. 76 f.	... Wortarten richtig bestimmen.	😊 😐 ☹	Schülerbuch S. 311 ff.

Kannst du das? – Rechtschreibung und Zeichensetzung (Test S. 110)

AH	Ich kann ...	Einschätzung	Wiederholung
S. 98 f.	... Rechtschreibfehler in einem Text verbessern.	😊 😐 ☹	Schülerbuch S. 258 f.
S. 23, 85	... Kommas richtig setzen.	😊 😐 ☹	Schülerbuch S. 323 f.

Du kannst den Lernspiegel nicht nur für den Test benutzen, sondern auch für die Teilbereiche in deinem Arbeitsheft einsetzen. Die erste Spalte gibt dir hierfür die Seiten an.

Text- und Bildquellennachweis

Textquellen

4 Hanna Klein: Schlimmer als Kreuzfahrten. Mode-Wahnsinn zerstört Umwelt – wie wir das ändern. FOCUS Online vom Samstag, 27.07.2019. Unter: https://www.focus.de/perspektiven/nachhaltigkeit/nachhaltiger-leben/nachhaltigkeit-mode-wahnsinn-zerstoert-umwelt-wie-wir-das-aendern_id_10964545.html (Zugriff 15.11.2019, gek.); **6** Nach: Greenpeace e. V. (Hrsg.), Saubere Mode hat's schwer, Stand 3/2015, S. 3; Quelle: nuggets Market Research & Consulting GmbH / Greenpeace-14038, Usage & Attitude Mode unter Jugendlichen. Ergebnisbericht, Januar 2015; **7** Hanna Klein: Schlimmer als Kreuzfahrten. Mode-Wahnsinn zerstört Umwelt – wie wir das ändern. FOCUS Online vom Samstag, 27.07.2019. Unter: https://www.focus.de/perspektiven/nachhaltigkeit/nachhaltiger-leben/nachhaltigkeit-mode-wahnsinn-zerstoert-umwelt-wie-wir-das-aendern_id_10964545.html (Zugriff 15.11.2019, gek.); **10** UBA-Erklärfilm: Der Preis der Schönheit - Mode und die Folgen für Mensch und Umwelt. (10.07.2017, Transkription), https://www.umweltbundesamt.de/themen/textilbranche-der-preis-der-schoenheit, © Umweltbundesamt; **14 f.** Bettina Eickhoff, Markus Reipen: Grenzen der Selbstbestimmung von Kindern und Jugendlichen bei Körperschmuck und Kosmetik. Aus: ZBFS - Bayerisches Landesjugendamt Mitteilungsblatt 1-3/2013. Unter: https://www.blja.bayern.de/service/bibliothek/fachbeitraege/selbstbestimmung.php (Zugriff 11.05.2020, gek.); **22** Mailand verbietet Tattoos und Piercings. (APA, 11.10.2010) Unter: https://www.diepresse.com/601163/mailand-verbietet-tattoos-und-piercings (Zugriff 11.05.2020, gek.) © APA – Austria Presse Agentur; **26** Katharina Tillmanns, Theresa Brüheim: Serious Games. Die Motoren der Spieleindustrie von morgen. (01.09.2017) Unter: https://www.kulturrat.de/themen/kulturgut-computerspiele/serious-games/ (Zugriff 15.11.2019, gek.); **27** Elke Witmer-Goßner: Serious Games: Die Kunst der spielebasierten Wissensvermittlung. Gamification – Aus Spiel wird Ernst. (05.03.2019) Unter: https://www.cloudcomputing-insider.de/gamification-aus-spiel-wird-ernst-a-804640/ (Zugriff 15.11.2019, gek.); **28** Matthias Gottschalk: Health Games. Spielen für die Gesundheit. (15.06.2017) Unter: https://presseblog.aokplus-online.de/health-games-spielen-fuer-die-gesundheit/ (Zugriff 15.11.2019, gek.); **29** Alles, was Sie über Serious Games und Game-based Learning wissen sollten: acht Beispiele. Unter: https://www.game-learn.com/alles-was-sie-uber-serious-games-und-game-based-learning-wissen-sollten-acht-beispiele/ (Zugriff 14.05.2020, gek.); **33** Matthias Gottschalk: Health Games. Spielen für die Gesundheit. (15.06.2017) Unter: https://presseblog.aokplus-online.de/health-games-spielen-fuer-die-gesundheit/ (Zugriff 15.11.2019, gek.); **33** Marc Röhlig: Humboldt-Spiel „The Secret Legacy". Ein Forscher erobert das iPad. (28.03.2014) Unter: https://www.tagesspiegel.de/wissen/humboldt-spiel-the-secret-legacy-ein-forscher-erobert-das-ipad/9678392.html (Zugriff 15.11.2019, gek.); **34** Matthias Gottschalk: Health Games. Spielen für die Gesundheit. (15.06.2017) Unter: https://presseblog.aokplus-online.de/health-games-spielen-fuer-die-gesundheit/ (Zugriff 15.11.2019, gek.); **34** Katharina Tillmanns, Theresa Brüheim: Serious Games. Die Motoren der Spieleindustrie von morgen. (01.09.2017) Unter: https://www.kulturrat.de/themen/kulturgut-computerspiele/serious-games/ (Zugriff 15.11.2019, gek.); **34** Marc Röhlig: Humboldt-Spiel „The Secret Legacy". Ein Forscher erobert das iPad. (28.03.2014) Unter: https://www.tagesspiegel.de/wissen/humboldt-spiel-the-secret-legacy-ein-forscher-erobert-das-ipad/9678392.html (Zugriff 15.11.2019, gek.); **36** Johann Peter Hebel: Der große Schwimmer. In: Schatzkästlein des rheinischen Hausfreundes. Hrsg. v. Winfried Theiß. Philipp Reclam jun., Stuttgart 1981; **41** Johann Peter Hebel: Der große Schwimmer. In: Schatzkästlein des rheinischen Hausfreundes. Hrsg. v. Winfried Theiß. Philipp Reclam jun., Stuttgart 1981; **42** William M. Harg: Der Retter: In: Erzähler von drüben: Amerikaner, Engländer, Franzosen. Hrsg. u. übers. v. Hans B. Wagenseil. Druckhaus Tempelhof, Berlin 1947; **44** William M. Harg: Der Retter: In: Erzähler von drüben: Amerikaner, Engländer, Franzosen. Hrsg. u. übers. v. Hans B. Wagenseil. Druckhaus Tempelhof, Berlin 1947; **46** Andreas Steinhöfel: Der mechanische Prinz. Carlsen Verlag, Hamburg 2004, S. 5ff.; **49** Stefan Andres: Das Trockendock. In: Ders.: Die Verteidigung der Xanthippe. 12 Geschichten. Piper, München 1960; **54** Andreas H. Drescher: Großmutter beim Bohnenschälen. n: Das Gedicht. Zeitschrift für Lyrik, Essay und Kritik 1/2016. Hrsg. v. Fitzgerald Kusz u. Anton Leitner. Anton G. Leitner Verlag, Weßling, S. 30; **56** Zehra Cirak: Doppelte Nationalitätsmoral. In: Dies.: Fremde Flügel auf eigener Schulter. Gedichte. Kiepenheuer & Witsch, Köln 1994; **57** Tanja Dückers: „Das Salz kennt kein Nationalgericht". Unter: https://www.goethe.de/ins/cn/de/kul/sup/slg/20726047.html (Zugriff 15.11.2019, gek.); **58** Axel Kusch: Umklammerung. In: Das Gedicht. Zeitschrift für Lyrik, Essay und Kritik 1/2016. Hrsg. v. Fitzgerald Kusz u. Anton Leitner. Anton G. Leitner Verlag, Weßling, S. 69; **58** Lutz Hübner: Creeps. Ein Jugendtheaterstück. Hartmann & Stauffacher Verlag, Köln 2005, S. 5ff.; **58** Manfred Chobot: Oabeitsplozz. In: Das Gedicht. Zeitschrift für Lyrik, Essay und Kritik 1/2016. Hrsg. v. Fitzgerald Kusz u. Anton Leitner. Anton G. Leitner Verlag, Weßling, S. 71; **59** Hilde Domin: Rückkehr der Schiffe. S. Fischer Frankfurt/M. 1962; **60** Lutz Hübner: Creeps. Ein Jugendtheaterstück. Hartmann & Stauffacher Verlag, Köln 2005, S. 5ff.; **61** Lutz Hübner: Creeps. Ein Jugendtheaterstück. Hartmann & Stauffacher Verlag, Köln 2005, S. 5ff.; **63** Lutz Hübner: Creeps. Ein Jugendtheaterstück. Hartmann & Stauffacher Verlag, Köln 2005, S. 5ff.; **65** Lutz Hübner: Creeps. Ein Jugendtheaterstück. Hartmann & Stauffacher Verlag, Köln 2005, S. 5ff.; **66** Lutz Hübner: Creeps. Ein Jugendtheaterstück. Hartmann & Stauffacher Verlag, Köln 2005, S. 5ff.; **67** Dieter Lintz: Faules Spiel im Casting-Studio. In: Trierischer Volksfreund 3/2012. Unter: https://www.complifiction.net/wp-content/uploads/2012/03/creeps_tv_260107.pdf (Zugriff 15.11.2019, gek.); **70** „Voll cool!" – Jugendsprache und Anglizismen. Kommen Jugendliche ohne Anglizismen aus? (2016) Unter: http://www.anglizismen-sprachberatung.de/index.php/texte/28-voll-cool-jugendsprache-und-anglizismen (Zugriff 15.11.2019, gek.); **72** Eva Neuland: Jugendsprache. Eine Einführung. A. Francke, Tübingen 2018, S. 68f.; **75** In Zeiten von WhatsApp und Co. Florian Wende im Interview mit Dialektexperte Sepp Obermeier: „Dialekt ist nichts Besonderes" (13.05.2016) Unter: https://www.idowa.de/inhalt.in-zeiten-von-whatsapp-und-co-redst-du-no-boarisch-so-wichtig-ist-jugendlichen-ihr-dialekt-page5.f990d824-3167-4fc6-8f04-bb474b7ee680.html (ZUgriff 15.11.2019, gek.); **77** Sabine Kaufmann: 1816. Das Jahr ohne Sommer. Geschichten einer süddeutschen Katastrophe. G. Braun Verlag, Karlsruhe 2013, S. 64; **78** Bayernheft 21: Schweinfurt und Hassgau. Hrsg. v. A. Enzinger, bearb. v. Ernst Heywang. Oldenbourg, München 1930, S. 11f.; **80** Sabine Kaufmann: 1816. Das Jahr ohne Sommer. Geschichten einer süddeutschen Katastrophe. G. Braun Verlag, Karlsruhe 2013, S. 65, 68; **80** Helga Becker: Kommen-Gehen-Bleiben200 Jahre Migration in Württemberg 1817-2017. In: Steinheimer Nachrichten, Beiträge zur Heimatkunde Nr. 3/2017. Unter: http://www.stadt-steinheim.de/site/Steinheim-Internet/get/params_E1201389766/14970485/auswanderer_T1_RZ (Zugriff 15.11.2019, gek.); **81** Wolfgang Behringer: Tambora und das Jahr ohne Sommer. Wie ein Vulkan die Welt in die Krise stürzte. C. H. Beck, München 2016, S. 176; **82** Sabine Kaufmann: 1816. Das Jahr ohne Sommer. Geschichten einer süddeutschen Katastrophe. G. Braun Verlag, Karlsruhe 2013, S. 76; **83** Sabine Kaufmann: Mein Roman. Unter: http://www.sabinekaufmann.com/roman.html (Zugriff 15.11.2019, gek.); **84** Jan-Claudius Hanika: Forscher zeigen Foto von einem Schwarzen Loch. (07.05.2019) Unter: https://www.br.de/nachrichten/wissen/forscher-zeigen-foto-von-einem-schwarzen-loch,RNF2SPR (Zugriff 15.11.2019, gek.); **87** Rainer Maria Rilke: Neue Gedichte, Insel-Verlag Leipzig 1907; **88** Adrian Prechtel: Star-Legenden. Josephine Baker. Langen Müller, München 2006, S. 46ff.; **97** Bastian Sick: Der Dativ ist dem Genitiv sein Tod. Folge 3. Kiepenheuer & Witsch, Köln 2006, S. 185f.; **98** Simon Gmünder: Klimawandel. Ursachen, Folgen und Handlungsmöglichkeiten. Unter: https://ethz.ch/content/dam/ethz/special-interest/dual/educeth-dam/documents/Unterrichtsmaterialien/geographie/Umweltlehre/klimawandel-verschiedene-methoden/klimawandel.pdf (Zugriff 15.11.2019, gek.); **100** Frank-Thomas Wenzel: Red Bull und Co. Deshalb sind Energydrinks so profitabel – und gefährlich. (05.02.2016) Unter: https://archiv.berliner-zeitung.de/ratgeber/gesundheit/red-bull-und-co--deshalb-sind-energydrinks-sote-23540988 (Zugriff 15.11.2019, gek.)

Lösungsteil: 3 Bettina Eickhoff, Markus Reipen: Grenzen der Selbstbestimmung von Kindern und Jugendlichen bei Körperschmuck und Kosmetik. Aus: ZBFS - Bayerisches Landesjugendamt Mitteilungblatt 1-3/2013. Unter: https://www.blja.bayern.de/service/bibliothek/fachbeitraege/selbstbestimmung.php (Zugriff 11.05.2020, gek.); **12** Hilde Domin: Rückkehr der Schiffe. S. Fischer Frankfurt/M. 1962; **14** Wolfgang Behringer: Tambora und das Jahr ohne Sommer. Wie ein Vulkan die Welt in die Krise stürzte. C. H. Beck, München 2016, S. 176; **14** Bayernheft 21: Schweinfurt und Hassgau. Hrsg. v. A. Enzinger, bearb. v. Ernst Heywang. Oldenbourg, München 1930, S. 11f.; **15** Jan-Claudius Hanika: Forscher zeigen Foto von einem Schwarzen Loch. (07.05.2019) Unter: https://www.br.de/nachrichten/wissen/forscher-zeigen-foto-von-einem-schwarzen-loch,RNF2SPR (Zugriff 15.11.2019, gek.); **15** Rainer Maria Rilke: Neue Gedichte, Insel-Verlag Leipzig 1907

Bildquellen

Cover Getty Images (Westend61), München; **10** aus: UBA-Erklärfilm: Der Preis der Schönheit - Mode und die Folgen für Mensch und Umwelt https://www.umweltbundesamt.de/themen/textilbranche-der-preis-der-schoenheit © Umweltbundesamt; **12** Getty Images Plus (bibi57), München; **18** yougov.com, 2015; **18** Frank Speth, Quickborn; **22** Getty Images Plus (Stone / LWA), München; **28** CC-BY-SA-4.0/https://creativecommons.org/licenses/by-sa/4.0/deed.de, siehe *3; **28** Quelle: PwC im Auftrag des game, Grafik: Ole Gehling (c) game – Verband der deutschen Games-Branche e.V. 2019; **56** SZ Photo / DIZ München GmbH (Brigitte Friedrich), München; **59** Ullstein Bild GmbH (B. Friedrich), Berlin; **66** Giger, Claude, Basel; **70** ShutterStock.com RF (BlueSkyImage), New York, NY; **75** Straubinger Tagblatt / Landshuter Zeitung (Freistunde), Straubing; **78** Getty Images Plus (iStock / dszc), München; **84** Picture-Alliance (epa AFP nasa), Frankfurt; **86** ShutterStock.com RF (Andy-pix), New York, NY; **95** PONS GmbH, Stuttgart; **100** Getty Images Plus (iStock / markos86), München; **101** stock.adobe.com (nuwanda), Dublin; **101** ShutterStock.com RF (Trong Nguyen), New York, NY; **110** iStockphoto (Robodread), Calgary, Alberta

*3 Lizenzbestimmungen zu CC-BY-SA-4.0 siehe: http://creativecommons.org/licenses/by-sa/4.0/legalcode